Detlef Träbert

Starke Eltern – erfolgreiche Schüler

• *Reizthema Hausaufgaben* • *Effektiv helfen*
• *Was tun bei null Bock?*

Rowohlt Taschenbuch Verlag

2. Auflage April 2004

Originalausgabe

Veröffentlicht im
Rowohlt Taschenbuch Verlag,
Reinbek bei Hamburg, Januar 2003
Copyright © 2003 by
Rowohlt Taschenbuch Verlag
GmbH, Reinbek bei Hamburg
Alle Rechte vorbehalten
Redaktion Bernhard Schön
Umschlaggestaltung any.way, Barbara Hanke /
Cordula Schmidt
Foto (Titel) Mauritius
(Rückseite) imagesource und photodisc,
(Innenteil) Kapitel 1 und 4 – 8 imagesource,
Kapitel 2 und 3 photodisc
Illustrationen Ernst Böse (Rolf Robischon)
Reihenlayout Christine Lohmann
Gesamtherstellung Clausen & Bosse, Leck
Printed in Germany
ISBN 3 499 61705 6

Inhalt

Vorwort

*Erziehung ist das Einfachste von der Welt –
mit erzogenen Eltern.*

(Johann Wolfgang von Goethe)

Unser Dichterfürst hat es bereits gewusst: Erziehung kann so schwierig nicht sein. Aber hat er sich je selber dieser Aufgabe gewidmet? Er hatte wohl leicht reden, wie auch viele unserer heutigen Zeitgenossen. Wenn man sich in der Medienlandschaft umschaut, kann man starke Worte vernehmen. «Das Leben der Kinder ist aus den Fugen», zitierte der SPIEGEL eine Lehrerin. «Eltern … sind längst nicht mehr selbstverständlich in der Lage, den Familienalltag und ihren Erziehungsauftrag zu bewältigen», schrieb Nina Gerstenberg in der Berliner Morgenpost (7. 1. 02). «Die Erziehungskatastrophe» heißt das Sachbuch einer ZEIT-Redakteurin, das bereits mehrere Auflagen erlebt hat; Untertitel: «Kinder brauchen starke Eltern». Voilà – da sind wir ja fast schon beim Titel unseres Buches angekommen! Aber eben nur fast, denn da fehlt noch etwas: der Schulerfolg. Der wird nach TIMSS und PISA, den bekanntesten internationalen Schulleistungs-Vergleichsstudien der letzten Jahre,

besonders in den Blick genommen. Und auch da kommen «die Eltern» schlecht weg. «Schulerfolg nicht ohne Eltern» titelte die Westdeutsche Allgemeine Zeitung nach Veröffentlichung der Ergebnisse von PISA-E.

Bildung beginnt eben im Elternhaus, das ist schon richtig. Aber was können Eltern denn tun, um den Schulerfolg ihrer Kinder sinnvoll zu unterstützen?

Genau das war die Frage, auf die ich vor einiger Zeit von einer Volkshochschule angesprochen worden war. Die suchte, im Auftrag eines Gymnasiums, nach jemandem, der für die Eltern der unteren Jahrgänge einen Kurs anbieten sollte, damit sie sich gezielter und sinnvoller um den Schulerfolg ihrer Kinder kümmern könnten. So entstand das Projekt «Starke Eltern – erfolgreiche Schüler», das ich mittlerweile mehrfach an verschiedenen Schulen durchführen konnte.

Das vorliegende Buch greift auf die dabei gewonnenen Erkenntnisse zurück, ergänzt durch die jahrelangen

Erfahrungen, die ich als Beratungslehrer an Grund- und Hauptschulen
sammeln konnte. Daher gilt mein
Dank zuallererst den vielen Müttern
und Vätern, die mir mit ihren Fragen
und mit ihren Erlebnissen aus der
häuslichen Lern- und Hausaufgabensituation verdeutlicht haben, welche
Bedürfnisse Eltern verspüren, die ihre
Kinder sinnvoll durch das Schulleben
begleiten wollen.

Es versteht sich, dass ich immer
auch das andere Geschlecht mit-
meine, wenn ich von «Lehrerinnen»
oder «Schülern» spreche. Aus Gründen der Lesbarkeit verzichte ich auf
Sprachakrobatik mit «/-innen» oder
Doppelformulierungen. Die in den

Beispielen vorkommenden Namen
von Schülern, Eltern oder Lehrerinnen
sind allesamt geändert, die Inhalte
spiegeln reale Situationen wider.

Starke Eltern können ihren Kindern zu besserem Schulerfolg verhelfen, ganz gleich, welche Schulform
diese besuchen. Und weil Schulerfolg
kein Selbstzweck ist, sondern Bestandteil eines erfüllenden, erfüllten
und in jeder Hinsicht befriedigenden
Lebens sein soll, widme ich dieses
Buch den Kindern. Sie sind unsere
Zukunft. Unser Geschick und das
Schicksal unserer Erde liegt in ihren
Händen. Das Beste sollte für sie
gerade gut genug sein.

Niederkassel, im Juli 2002
Detlef Träbert

Einleitung

Wer dieses Buch liest, tut das wahrscheinlich aus einem starken Interesse am Schulerfolg seiner Kinder heraus. Erfolg in der Schule ist wichtig, glauben die meisten Eltern. Angesichts eines starken Verdrängungswettbewerbs auf dem Arbeitsmarkt und in Zeiten hoher Dauerarbeitslosigkeit haben sie den Wunsch, ihren Kindern bestmögliche Startchancen ins Leben zu eröffnen. Wer das nicht wollte, wäre ja auch nicht verantwortungsbewusst. Doch bleibt die Frage, ob die guten Noten im Zeugnis dafür wirklich der einzige Weg sind.

Es sollte zu denken geben, dass die Analyse der Lebensgeschichten von berühmten Persönlichkeiten keinen eindeutigen Beleg dafür bietet. In «Genies in der Schule» (1998) zeigt Gerhard Prause auf, dass es alle Kombinationsmöglichkeiten gibt: Sowohl eher schwache Schüler wie Albert Einstein, Eduard Mörike oder Henry Kissinger als auch ausgezeichnete wie Max Planck oder Sigmund Freud brachten es im Leben zu Ansehen, Ruhm und oft auch zu materiellem Erfolg. Dass sowohl gute als auch schlechte Noten nicht davor schützen, später im Leben erfolglos zu bleiben, zeigt die Lebenserfahrung.

Auch heute demonstrieren manche Computerspezialisten und Jungmanager und -unternehmer, dass trotz schlechter Schulleistungen beruflicher und privater Erfolg möglich sind. Ein junger Mann, der mit 16 Jahren bereits eine Firma gründete, sagte in einer Talkshow: «Alles, was ich geschafft habe, habe ich nicht wegen, sondern trotz der Schule geschafft.»

Das soll allerdings nicht heißen, Schulerfolg wäre unwichtig. Gute Noten allein reichen aber offenbar nicht aus, um sowohl während der Schulzeit als auch im späteren Leben zufrieden und erfolgreich zu sein – was immer man auch unter «Erfolg» verstehen mag.

Die Ergebnisse einer Begleituntersuchung zur internationalen Schulleistungs-Vergleichsstudie «PISA» zeigen, dass die Rolle von Eltern für den Schulerfolg ihrer Kinder hoch bedeutsam ist. In den erfolgreicheren PISA-Teilnehmerländern interessieren sich die Eltern deutlich mehr für den schulischen Werdegang ihrer Kinder und reden häufiger und länger mit ihnen darüber. Dieses Interesse stellt einen der Faktoren dar, die «starke Eltern» auszeichnen. Was darüber hinaus von Bedeutung ist, um den Schulerfolg der Kinder zu fördern, zeigt das *erste Kapitel*.

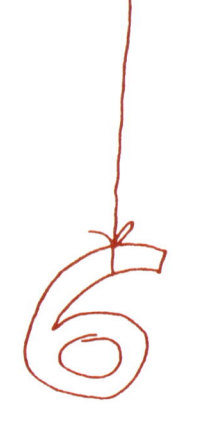

Wie wenig aussagekräftig gute Noten sind, wurde – wie schon etliche Male vorher – durch die PISA-Studie bestätigt. Obwohl die Durchschnittsnoten der deutschen Schüler bislang niemanden in Besorgnis versetzt hatten, erwiesen sich die dahinter stehenden Leistungen im internationalen Vergleich als unterer Durchschnitt. Note und absolute Leistung sind also nicht das Gleiche. Was unter diesem Gesichtspunkt dann unter «Schulerfolg» verstanden werden soll, will das *zweite Kapitel* klären.

Im *dritten Kapitel* geht es um die elterlichen Erwartungen in Bezug auf die Schullaufbahn ihrer Kinder und die damit verbundene Frage, wer eigentlich die Verantwortung für sie trägt. Es wird deutlich werden, dass zum Starksein auch das angemessene Loslassen-Können gehört.

Diese Fähigkeit stellt eine wichtige Voraussetzung für die Ausprägung von gesundem Selbstbewusstsein bei Kindern dar und gewinnt damit eine Schlüsselrolle für die Entwicklung von Leistungsmotivation. Wie Eltern einerseits stark sein, andererseits aber auch loslassen können, das steht im Mittelpunkt des *vierten Kapitels*.

Hausaufgaben sind ein zentrales Konfliktfeld im häuslichen Bereich – sie führen oft genug zum «Hausfriedensbruch». In rund 40 Prozent aller Familien mit Schulkindern kommt es deswegen immer wieder zu Streit zwischen Eltern und Kind oder auch zwischen Mutter und Vater. Im *fünften Kapitel* werden Sie Überlegungen und praktische Vorschläge finden, die diesen Streitpunkt entschärfen können.

Dazu kann auch *Kapitel 6* beitragen, denn tatsächliche oder vermeintliche «Konzentrationsstörungen» sind ganz häufig ein Thema in der Beratung zu Hausaufgabenproblemen. Ich möchte deshalb Eltern dabei unterstützen, ihren Kindern zu verbesserter Konzentration verhelfen zu können.

Starke Eltern sind im Übrigen nicht deshalb stark, weil sie ihren Kindern alle Schwierigkeiten aus dem Weg räumen und sich etwa in der Schule *gegen* die Lehrer durchsetzen. Sie sind stark, weil sie ihre Rolle als Partner der Lehrer im Bildungs- und Erziehungsprozess konstruktiv wahrnehmen. Wie Lehrer und Eltern sich ergänzen können, wenn die Kinder sich positiv entwickeln sollen, zeigt *Kapitel 7*.

Das *achte Kapitel* führt zu den Anfangsfragen zurück und konkretisiert, wie starke Schülereltern ihre Rolle in der heutigen Zeit finden können. Der zentrale Begriff der «Erziehungsverantwortung» wird dabei auch hinsichtlich der besonderen Problemlagen für Alleinerziehende und in Bezug auf die Vaterrolle beschrieben. Die Entwicklungen der letzten Jahre haben es deutlich werden lassen: Nicht nur die heutige Jugend braucht starke Eltern, sondern auch unser Schulsystem und die ganze Gesellschaft.

KAPITEL 1 | *Was sind «starke Eltern»?*

Nichts ist schwieriger,

als im Umgang mit Kindern

stets oder auch nur überwiegend

das Richtige zu tun.

Nichts ist aber auch wichtiger,

als es zu versuchen.

(Daniel Goeudevert)

Das Motto «Kinder stark machen» wird gern benutzt. Es untermalt Ansätze der Suchtvorbeugung genauso wie solche der Erziehung zur Demokratie. Aber Eltern stark machen? Sind Eltern denn nicht automatisch stark, zumindest stärker als ihre Kinder?

Offenbar sind sich sehr viele Eltern dessen selber nicht sicher. Anders sind die Verkaufserfolge von Büchern wie «Der kleine Tyrann» oder «Kinder brauchen Grenzen» nicht zu erklären. Auch das wirklich vorbildliche Trainingsprogramm «Starke Eltern – starke Kinder» des Deutschen Kinderschutzbundes erfreut sich großer Beliebtheit.

Wie geht es Ihnen denn als Eltern? Vielleicht fühlen Sie sich gar nicht unbedingt schwach, aber möglicherweise sind Sie gelegentlich verunsichert und tragen ein schlechtes Gewissen mit sich herum. Öffentliche pauschale Verunglimpfungen und Schuldzuschreibungen an Ihre Adresse wirken da sicherlich nicht ermutigend. Überlegen Sie nur einmal:

Eine Mutter, die immer wieder zu hören bekommt, dass die familiäre Erziehung heute eine Katastrophe sei, wird umso mehr ins Grübeln geraten, je beharrlicher diese Meinung vertreten wird. Sie wird ihre eigene Erziehungsarbeit skeptisch-kritisch beobachten und bei jeder

«Erzieh mich doch, erzieh mich doch!»

kleinen Schwindelei oder vergessenen Hausaufgabe ihres Kindes, bei jeder Beschwerde einer Lehrerin oder einer anderen Mutter sicherer darin werden, dass auch sie ständig Fehler macht und zumindest teilweise «versagt». Ob das hilft, stark zu sein? Die Wahrscheinlichkeit, dass sie zwischen Erlauben und Verbieten, Fordern und Verwöhnen, Nachgeben und Beharren hin und her schwankt, nimmt wie in einem Teufelskreis zu, und dementsprechend wird sich das Verhalten des Kindes tatsächlich ins Negative entwickeln. Es ist ganz natürlich, dass Kinder Grenzen austesten und nach Orientierung suchen. Wo Eltern unklare Vorgaben machen und inkonsequent reagieren, verstärken sie das Fehlverhalten, das sie eigentlich unterbinden möchten. Darum gilt es, Eltern stark und sicher zu machen.

Starke Eltern kennen die Bedürfnisse ihrer Kinder

Der Weg des Kindes zum Erwachsenen
ist der Weg
von Abhängigkeit zu Selbstvertrauen.

(Benjamin Wolman)

Ein Menschenbaby ist alleine nicht überlebensfähig, sondern von Pflege abhängig. Jede Mutter weiß, welche Bedürfnisse ihr Kind an Ernährung, Zärtlichkeit und Körperpflege hat, und stillt sie, zum Teil sogar instinktiv. Wenn das Kind aber aus dieser unmittelbaren körperlichen Abhängigkeit herausgewachsen ist, dann reicht der Instinkt nicht mehr aus, und es bedarf des «gesunden Menschenverstandes», gepaart mit Wissen.

Die Bedürfnisse eines Schulkinds zu kennen, heißt zu wissen, was es braucht, um gesund und leistungsfähig zu sein. Diese Bedürfnisse sind nicht immer identisch mit dem, was die Kinder an Bedürfnissen *äußern*, zum Beispiel in Bezug auf ihre Ernährung:

Frau Richter ist stolz, dass ihr Tobias jetzt ein Schulkind ist. Ein so großer Junge darf auch immer sagen, was er sich zum Mittagessen wünscht; schließlich soll es ihm ja gut gehen. Aber auf die tägliche Frage, was sie denn heute kochen solle, kommen eigentlich immer dieselben zwei Antworten: Spaghetti mit Tomatensoße oder Hähnchen und Pommes Frites. Das wird auch Frau Richter bald zu langweilig. Aber wenn sie von Tobias' Vorschlägen abweicht und etwas anderes kocht, dann motzt und mäkelt er und argumentiert, sie habe es ihm doch versprochen.

Vielfach kennen Kinder ihre wirklichen Bedürfnisse nicht. Sie können ja auch noch gar keinen Überblick darüber haben, was denn überhaupt an Alternativen möglich wäre. Die Werbung, die Mode und das Verhalten anderer Kinder prägen ihre Wünsche mehr als ihr Gespür für das,

was sie brauchen. Dass tatsächlich
bereits jeder sechste Schulanfänger
Übergewicht hat, ist ein deutlicher
Beleg dafür und zeigt zudem, dass
auch immer mehr Eltern nicht wissen,
was gesunde Ernährung und Bewegung bedeuten.

WAS SCHULKINDER BRAUCHEN

- reichlich Schlaf;
- morgens ein gemütliches Frühstück, das bis in die Mitte des
  Vormittags vorhält;
- abwechslungsreiche Ernährung, vitamin-, mineral- und
  ballaststoffreich;
- viel Spielraum und Bewegung als Ausgleich für das lange Sitzen
  in der Schule;
- Ruhe- und Mußestunden ohne Freizeittermine;
- ab und zu die Erfahrung von Langeweile, um eigene Bedürfnisse
  und Interessen zu erkennen und kreative Ideen ausbrüten zu
  können;
- verantwortungsbewusste Dosierung von Bildschirmreizen
  (TV, Video, Computer und Gameboy etc. zusammen): auf keinen
  Fall mehr Bildschirmzeit als Bewegungs- und Spielzeit;
- selbständige Bewältigung ihrer häuslichen Pflichten für die
  Schule;
- Anerkennung für ihre selber erbrachten schulischen Leistungen;
- viel Lob für ihre Anstrengungsbereitschaft;
- Gespräche darüber, wie es ihnen in der Schule geht, was Freude
  und Ärger macht usw.;
- ganz allgemein viel Kommunikation und die Erfahrung, dass
  man ihnen zuhört und ihre Ansichten ernst nimmt, wenn sie sich
  auch nicht immer damit durchsetzen;
- reichlich elterliche Zuwendung in Situationen, die nicht mit
  Hausaufgaben und Lernen in Zusammenhang stehen;

- Zärtlichkeiten, solange sie Schmusen und Kuscheln mit den Eltern noch mögen;
- einen regelmäßigen Tagesablauf mit Fixpunkten: feste Zeiten für das Aufstehen, für Mahlzeiten, für die Hausaufgaben, für das Zubettgehen;
- Rituale im Tages-, Wochen- oder Jahreslauf: Gute-Nacht-Ritual mit Vorlesen, Guten-Appetit-Ritual vor dem Mittagessen, der wöchentliche Spieleabend, regelmäßige Verwandtenbesuche, ritualisierte Abläufe an Festtagen;
- Regeln und die Erfahrung, dass deren Übertretung Folgen hat;
- Orientierung über Richtig und Falsch, Gut und Böse, Erfahrungen mit Verhaltensgrenzen, die nicht überschritten werden dürfen;
- Vorbilder in aktiver Freizeitgestaltung als Anregung für eigene Hobbys und zur Entwicklung persönlicher Gestaltungsspielräume;
- Erfahrungen mit Büchern und dem Lesen als etwas Interessantem und Nützlichem: Wenn Eltern lesen, ein Leseabend üblich ist, einer dem anderen aus der Zeitung vorliest, Kinder aufgefordert werden, mal etwas im Lexikon oder Atlas nachzuschlagen, wird Lesemotivation gefördert.

Starke Eltern schaffen Rahmenbedingungen und setzen Grenzen

Versuchen Sie einmal, sich und Ihren Partner anhand der oben aufgelisteten Stichpunkte zu befragen. Ich denke, wir können als ein erstes Ergebnis festhalten:

Auf der Grundlage des Wissens darum, was ihre Kinder brauchen, gestalten starke Eltern das Familienleben. Sie strukturieren damit den Alltag und setzen einen Rahmen für die Kinder, in den der Schulalltag eingebettet ist. Für Kinder und Jugendliche ist die Schule nämlich nicht bloß ein Lern-, sondern ein zweiter Lebensraum – der zweitwichtigste für die gesamte Dauer der Schulzeit.

Im Lern- und Lebensraum Schule treffen die Kinder auf feste Strukturen, die sie vom Kindergarten her nicht in solcher Verbindlichkeit kennen:

- Die Zeiten sind durch einen Stundenplan festgelegt, den sie einhalten müssen.

- Die Zusammensetzung der Schulklasse wird vorgegeben; kein Kind kann es sich aussuchen, mit welchen Mädchen und Jungen es die große Lerngruppe bildet.

- Die Lehrerin macht Vorgaben für die Beschäftigung während des Schultags. Die können zwar, je nach Methode, auch relativ große Freiräume bieten (freie Arbeit, Wochenplanarbeit, Lernzirkel, Projekte und andere Formen des «Offenen Unterrichts»), sind aber im Großen und Ganzen nicht verhandelbar.

- Es gibt Pflichten, beispielsweise in Form von Hausaufgaben.

- Regeln müssen eingehalten werden, was für das Zusammenleben und -arbeiten in Gruppen unverzichtbar ist.

- Verstöße gegen Regeln, Unpünktlichkeit oder das Vernachlässigen von Pflichten ziehen Konsequenzen nach sich.

Von den Kindern wird zunehmende Anpassung an diese Strukturen erwartet: Wer etwa Hausaufgaben nicht macht, muss dafür geradestehen und gegebenenfalls nachsitzen oder eine Zusatzaufgabe anfertigen. Wer nicht lernt, was zu lernen aufgegeben wurde, muss dafür die entsprechende Bewertung «einstecken».

Was hier so unerbittlich klingt, wird im Alltag allerdings selten so unerbittlich praktiziert, denn Lehrerinnen denken und handeln in der Regel nach pädagogischen Gesichtspunkten. Sie versuchen, kindliches Verhalten zu verstehen, vor allem, wenn es auffällig und von der Norm abweichend ist. Und dennoch: Der Lern- und Lebensraum Schule ist deutlich stärker strukturiert, als die Kinder das aus ihrem vorschulischen Leben kennen.

Darum sind klare Strukturen im Familienalltag so wichtig. Kinder, die schon von zu Hause her Pünktlichkeit, Regeln, kleine Pflichten und regelmäßig wiederkehrende Abläufe kennen, gewöhnen sich wesentlich leichter in der Schule ein als jene, die zuvor alle Freiheiten hatten und nichts wirklich mussten, aber (fast) alles durften.

Kindern derartige Strukturen vorzugeben, bedeutet aber immer, damit auch Konflikte einzugehen. Wenn Nina gerade keine Lust auf das Ausräumen der Spülmaschine hat oder Philipp lieber fernsehen will, statt sein Zimmer aufzuräumen, gibt es Auseinandersetzungen. Starke Eltern scheuen sich nicht davor und werden auf der Grundlage von Regeln und Vereinbarungen, die in der Familie verabredet sind, mit den Kindern «streiten». Dabei machen die Kleinen wichtige Erfahrungen: Sie werden «in die Pflicht genommen»; auf ihre Dienste wird nicht verzichtet, denn sie sind wichtig; sie selbst sind wichtig, denn sonst würde man sie ja einfach links liegen lassen; der Streit kann unklare Verabredungen klären helfen; Menschen müssen ihre individuellen Ansprüche mit denen der Gruppe in Einklang bringen, denn anders kann das Zusammenleben nicht funktionieren.

Das ist «soziales Lernen» auf ganz praktische Art. Und der Begriff macht es deutlich: Angemessenes Verhalten in Gruppen und beim Lernen muss erlernt und kann nicht vorausgesetzt werden. Wir Erwachsenen haben da einen Verhaltensvorsprung (das sollten wir zumindest), der uns manchmal denken lässt, dass bestimmte Tugenden einfach selbstverständlich sind. Das waren sie einmal, und zwar in kleinen, überschaubaren Gemeinschaften, in denen eine große Übereinstimmung über Richtig und Falsch herrschte. Dass solche Gemeinschaften gleichzeitig auch ungeheuren Zwang ausübten und Abweichler gnadenlos ausgrenzten, sei hier nur am Rande erwähnt. Heute ist dieser Konsens selbst auf dem Lande nicht mehr in gleichem Maße ausgeprägt, wie ihn unsere Großeltern noch kannten. Und wir wollen ihn so auch nicht mehr: Selbstverwirklichung und individuelle Freiheit sind erklärte Ziele moderner Gesellschaften. Je offener eine Gesellschaft sich entwickelt, desto geringer wird die Gemeinsamkeit an Werten, Normen und Selbstverständlichkeiten. Sie müssen daher ganz bewusst ausgesprochen und gelegentlich auch verhandelt werden, so wie in der Familie die Fragen des Taschengeldes, der Schlafens- oder der Ausgehzeiten von Zeit zu Zeit neu verhandelt und der Entwicklung der Kinder angepasst werden müssen.

Stärke zeigt sich, wenn sich Träume nicht erfüllen

Fast alle Eltern haben Träume davon, was aus ihrem Kind einmal werden und wie es sich entwickeln soll: der Sohn, der später den elterlichen Handwerksbetrieb übernehmen, oder die Tochter, die in die Fußstapfen des Vaters treten und Medizin studieren soll. Oder ganz einfach: Das eigene Kind soll es später einmal besser haben als seine Eltern, die möglicherweise einen schwierigen Lebensweg gehen mussten.

Das Hilfsverb «sollen» macht die Problematik solcher Erwartungen deutlich. Je nachdem, wie konkret die elterlichen Träume sind und wie sehr ihre Umsetzung im wirklichen Leben angestrebt wird, entsteht ein Erwartungsdruck, der auf dem Kind lasten und es tatsächlich bedrücken kann. Ständig wird beobachtet, ob das Kind mit seinen Fortschritten «im Soll» liegt. Auswirkungen davon begegnen mir in meinem Beratungsalltag ständig:

- *Frau Schuster, Leiterin eines Kindergartens, möchte mich als Referenten für einen Elternabend gewinnen. Die Eltern der Großen, die in einem knappen Jahr eingeschult werden, würden sie derart bedrängen, unbedingt ein Vorschulprogramm mit Arbeitsblättern einzuführen, dass sie das pädagogische Konzept ihrer Einrichtung gefährdet sieht.*

● *Bei einer schulinternen Lehrerfortbildung zum Thema «Gesprächsführung mit Eltern» berichtet eine Kollegin von einem Vater. Als sie im dritten Schuljahr die Klasse neu übernahm, hatte er bei der persönlichen Begrüßung am ersten Elternabend gleich zu ihr gesagt: «Damit Sie Bescheid wissen, Frau Kern: Mein Sohn wird nach der Grundschule das Gymnasium besuchen.»*

● *Frau Kessler hat sich im Beratungsgespräch gerade die Testergebnisse ihres Sohnes Gabriel erläutern lassen. Sie hatte ihn wegen seiner Lese-Rechtschreib-Schwierigkeiten und Aufmerksamkeitsprobleme bei mir vorgestellt. Ich empfahl ihr, die Leistungserwartungen zu reduzieren und ein kombiniertes Programm aus Verhaltenstherapie mit Elterntraining und einem speziellen Rechtschreib-Förderprogramm auszuprobieren. «Das kann ja Jahre dauern», meinte darauf Frau Kessler. «Und im nächsten Jahr soll Gabriel auf jeden Fall aufs Gymnasium wechseln. Mein Mann würde*

sicher auch kein Elterntraining mitmachen – was meinen Sie: Soll ich ihm Ritalin verschreiben lassen?»

Dass wir Eltern uns eine wunderbare Zukunft für unsere Kinder erträumen, ist überhaupt nicht zu kritisieren. Im Gegenteil: Wir wären schlechte Eltern, wenn wir nicht das Beste für unseren Nachwuchs wollten. Aber starke Eltern sehen ihr Kind, wie es ist. Sie erkennen, ob ihre Träume der Realität standhalten. Wenn nicht, so akzeptieren sie die Tatsachen und nehmen ihr Kind mit all seinen Stärken und Schwächen an. Sie versuchen, es zu fördern und ihm alle erdenklichen Hilfen anzubieten, aber nur für den ihm angemessenen Weg – und nicht zur Anpassung des Kindes an ihren Traum.

Selbstvergewisserung

Notieren Sie bitte einmal in einer Tabelle:

Ich beobachte an meinem Kind Eigenschaften,

die positiv sind:	die negativ sind:

*Möchten Sie, dass Ihr Kind
anders sein sollte?*

*Können Sie Ihr Kind ohne jedes
Wenn und Aber akzeptieren, wie
es ist?*

*Tut es Ihnen weh, sich diesen
Fragen zu stellen?*

Es ist leicht gesagt und oft enorm schwierig auszuhalten, sein Kind ganz und gar so anzunehmen, wie es ist. *«Müssen wir nun all unsere Hoffnungen begraben?»*, fragte mich ein Elternpaar, als ich in der Beratung erklärte, dass das Begabungsprofil ihres Kindes eher auf praktische als auf intellektuelle Fähigkeiten hinweise. Manche Eltern erleben den Abschied von einem bestimmten Traum über die Zukunft ihres Kindes als etwas so Endgültiges wie einen Todesfall. Sie sind dermaßen abhängig von ihrer für das Kind geplanten Perspektive, dass sie zunächst nicht offen für die Entwicklung einer neuen sein können.

Dabei weist das Wort Enttäuschung eigentlich schon in die richtige Richtung: Wer sich von seinem Traum über die Wirklichkeit täuschen ließ, braucht die «Ent-Täuschung», um einen neuen, realistischeren Weg zu finden. Wer es schafft, durch den Schmerz der Enttäuschung hindurchzugehen, ist bereits auf der richtigen Spur.

Starke Eltern sind auch nicht von ihrem Kind enttäuscht, sondern von ihrer eigenen Fehleinschätzung. Sie halten das aus und halten zu ihrem Kind, das nun ihre Hilfe ganz besonders braucht, denn es muss sich ja gleichfalls neu orientieren und dabei sein Selbstbild neu konstruieren, ohne sein positives Selbstwertgefühl zu verlieren.

Fragenliste:
Sind wir starke Eltern?

Bei den folgenden Fragen gibt es keine eindeutig richtigen Antworten und auch keine Punkte zu erzielen. Dazu sind die Lebenswirklichkeiten von Familien viel zu unterschiedlich. Sie sollen lediglich der Selbstvergewisserung und dem Nachdenken dienen und können Anlass für Gespräche zwischen Mutter und Vater, zwischen Eltern(paaren) oder am Elternabend in der Schule sein. Wenn Sie den Fragebogen als Hilfsmittel für Veränderungen benutzen wollen, so können Sie Ihre Notizen auf einem Zettel mit Datum festhalten und nach einem Vierteljahr mit den dann aktuellen Antworten vergleichen.

- Wie abwechslungsreich und gesund ernähren wir uns in unserer Familie? Wird überwiegend aus frischen Lebensmitteln oder mit Fertigprodukten gekocht?

- Hat das Kind feste Schlafens- und Aufstehzeiten?

- Kann es in Ruhe frühstücken, vielleicht sogar mit mir/uns gemeinsam?

- Gibt es regelmäßige Mahlzeiten und wenigstens eine gemeinsame am Tag?

- Macht das Kind seine Hausaufgaben selbständig?

- Wie oft gibt es Gespräche mit dem Kind von mehr als fünf Minuten Länge, in denen es sich nicht um Schule und Hausaufgaben dreht? Täglich? Einmal pro Woche? Seltener?

- Weiß ich, wie mein Kind sich in der Schule fühlt?

- Spielt mein Kind und bewegt es sich mehr, als es Zeit vor einem Bildschirm verbringt?

- Bin ich selbst aktiv in der Freizeit und pflege Hobbys?

- Welche Lesegewohnheiten haben wir in unserer Familie?

- Gibt es Regeln für das Kind, auf die ich/wir konsequent achten? Welche?

- Welche regelmäßigen Pflichten hat das Kind für die Familie bzw. im Haushalt?

- Welche Rituale erlebt das Kind in unserer Familie (Gute-Nacht-Ritual, Guten-Appetit-Ritual, Spieleabend, andere)?

- Wie stelle ich mir den schulischen Werdegang meines Kindes vor? Welchen Abschluss soll es erreichen? Wie empfinde ich die Vorstellung, dass das möglicherweise nicht klappt?

Was sind «starke Eltern»?

- Habe ich / haben wir klare Zielvor-
  stellungen von seiner beruflichen
  Zukunft? Falls ja: Wessen Vorstel-
  lungen sind das und warum?

- Wie oft lobe ich / loben wir das
  Kind? Mehrmals täglich? Einmal
  täglich? Etwa jeden zweiten Tag?
  Seltener?

- Wenn ich lobe, lobe ich dann eher
  das Ergebnis oder eher die aufge-
  brachte Energie zum Erreichen des
  Ergebnisses?

- Auf welche Eigenschaften
  und / oder Fähigkeiten meines
  Kindes bin ich stolz?

- Gibt es zwischen meinem
  (Ehe-)Partner und mir unter-
  schiedliche Ansichten in manchen
  Erziehungsfragen? Welche?
  Gelingt es uns trotzdem, im Alltag
  eine klare Linie zu verfolgen?

- Gibt es Augenblicke von Rat- oder
  Hilflosigkeit in Erziehungsdingen?
  Falls ja: Mit wem könnte
  ich / könnten wir darüber reden?

Kapitel 2 | *Was bedeutet «Schulerfolg»?*

Kinder sind keine Fässer, die gefüllt,

sondern Feuer, die entfacht werden wollen.

(Rabelais)

Bitte fragen Sie sich selbst, bevor Sie weiterlesen: Wann denken Sie, dass Ihr Kind erfolgreich in der Schule ist?

Beim Stichwort «Schulerfolg» fällt mir jedes Mal eine Mitschülerin aus meiner Jugendzeit ein. Maren war begabt und dazu auch noch sehr fleißig. «Selbstverständlich» wechselte sie nach der Grundschule auf das Gymnasium, denn in ihrer Familie besuchte seit Generationen jeder eine höhere Schule, wie ihre Mutter mehr als einmal erzählte. Mit der Pubertät begann Maren jedoch aufsässig zu werden. Sie wehrte sich gegen die totale Fremdbestimmung durch ihre Eltern mit Schwänzen der Geigenstunde und – mit schlechten Noten. War sie bis zur achten Klasse eine typische Einserschülerin, so sackten ihre Leistungen nun rapide ab. Als ihre Versetzung gefährdet war, musste sie ins Internat, danach verlor ich sie aus den Augen. Später erfuhr ich, dass sie im Drogenmilieu gelandet war.

Solche Schicksale sind Einzelfälle. Viele Faktoren spielen bei der Entwicklung junger Menschen eine Rolle, und selbstverständlich erhöhen gute Noten in jungen Jahren statistisch gesehen nicht das Risiko, drogenabhängig oder kriminell zu werden. Marens Geschichte zeigt lediglich, dass gute Noten nicht alles im Leben sind, manchmal teuer erkauft werden und noch nicht einmal Ausdruck von Schulerfolg sein müssen, denn der scheint aus mehr zu bestehen.

«Du sollst einmal mehr werden als deine Eltern, vielleicht ein Hai.»

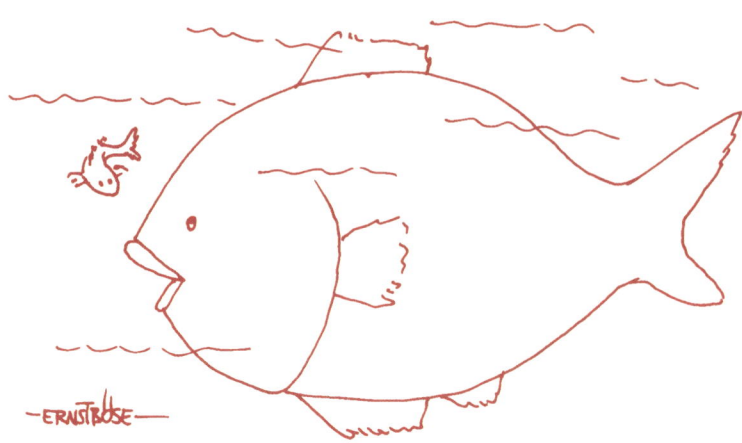

ERNSTBÖSE

Wenn ich bei meinen Seminaren die teilnehmenden Eltern danach frage, was sie unter Schulerfolg verstehen, erhalte ich regelmäßig solche Antworten:

- «dass mein Kind gerne in die Schule geht»;
- «wenn es gerne lernt»;
- «wenn es lernt, wie man lernt»;
- «dass es Interessen entwickelt»;
- «dass es seine Persönlichkeit entfaltet»

und so weiter.

Sehr viel seltener werden der gute Schulabschluss oder gute Noten genannt. Dennoch bin ich überzeugt davon, dass Eltern neben der Freude und der Persönlichkeitsentwicklung auch Noten und Abschlüsse als Erfolgskriterium ansehen. Sie scheinen eher die Befürchtung zu haben, dass es unanständig wirken könnte, wenn sie diese äußerlichen Merkmale in den Vordergrund stellen. Es ist wie mit dem Geld: Man spricht nicht darüber, man hat es.

Die Schüler sehen es ähnlich. Die meisten möchten nicht, dass die Noten ihrer Klassenarbeiten offen vor den Mitschülern genannt werden. Sie fürchten im negativen Falle die Blamage, im positiven das Image eines Strebers. Das hängt damit zusammen, dass Zensuren die Konkurrenzorientierung schüren (vgl. S. 56). Sie stellen eine Rangfolge innerhalb der Klasse auf und machen damit deutlich, wer besser und wer schlechter als die anderen ist.

Klassen, in denen Schüler Referate halten, für die Mitschüler Unterrichtsstunden gestalten und in Gruppen gemeinsame Ergebnisse erarbeiten, die auch gemeinsam auf ihre Qualität hin beurteilt werden, gehen wesentlich unbefangener mit Leistungsbeurteilungen um. Manche Lehrer lassen die Schüler auch Selbstzeugnisse schreiben, die gemeinsam diskutiert und abschließend natürlich mit dem Lehrerzeugnis verglichen werden. So entwickelt sich nicht nur die Fähigkeit zur Selbsteinschätzung beim einzelnen Kind, sondern auch ein fruchtbares Leistungsklima in der Klasse, das erfolgreiches Lernen fördert.

Schulerfolg im Sinne der PISA-Studie

Im Laufe der letzten Jahre machten Studien Furore, die die Leistungsfähigkeit von Schülern international vergleichen. Besonders bekannt wurden TIMSS (Third International Mathematics and Science Study) und PISA (Programme for International Student Assessment). Sowohl in Bezug auf die mathematisch-naturwissenschaftlichen (TIMSS) als auch auf die Lesekompetenzen (PISA 2000) zeigte sich, dass die deutschen 15-jährigen Schüler nicht sehr erfolgreich abschnitten und jeweils im hinteren Mittelfeld landeten. PISA-E als von der Kultusministerkonferenz in Auftrag gegebene Ergänzungsstudie offenbarte zusätzlich Unterschiede im Leistungsvermögen der Schüler zwischen den Bundesländern. Wer mehr über diese Studien, ihre Ergebnisse, Bewertungen und öffentliche Reaktionen auf sie wissen möchte, kann sich beim Berliner Max-Planck-Institut für Bildungsforschung informieren (www.mpib-berlin.mpg.de).

Für uns als Eltern geht es an dieser Stelle um Antworten auf die Frage, wann ein Schüler im Sinne solcher Studien als «erfolgreich» gelten kann. Schließlich gibt es keine Noten bei solchen «Tests», die mit Klassenarbeiten überhaupt nichts zu tun haben.

PISA, eine «zyklische» Studie, die nach dem ersten Erhebungszyklus 2000 noch zwei Untersuchungen in den Jahren 2003 und 2006 mit unterschiedlichen inhaltlichen Schwerpunkten anschließt, gibt folgende inhaltliche Beschreibung ihres Auftrags:

Das erforscht PISA

«PISA erfasst drei Bereiche: Lesekompetenz (Reading Literacy), *mathematische Grundbildung* (Mathematical Literacy) *und naturwissenschaftliche Grundbildung* (Scientific Literacy).*

Die Definition der Bereiche deckt nicht nur die Beherrschung des im Curriculum vorgesehenen Lehrstoffs ab, sondern auch wichtige Kenntnisse und Fähigkeiten, die man im Erwachsenenleben benötigt. Die Untersuchung von fächerübergreifenden Kompetenzen ist integraler Bestandteil von PISA.

Das Hauptaugenmerk liegt auf der Beherrschung von Prozessen, dem Verständnis von Konzepten sowie auf der Fähigkeit, innerhalb eines Bereichs mit unterschiedlichen Situationen umzugehen.»
(PISA 2000. Zusammenfassung zentraler Befunde, S. 5)

Erfolgreich im Sinne dieser Vorgaben schneiden Schüler also noch lange nicht ab, wenn sie ihren Stoff beherrschen. Zusätzliche «wichtige Kenntnisse und Fähigkeiten, die man im Erwachsenenleben benötigt», «fächerübergreifende Kompetenzen», die «Beherrschung von Prozessen», das «Verständnis von Konzepten» sowie schließlich die «Fähigkeit, innerhalb eines Bereichs mit unterschiedlichen Situationen umzugehen», sind gefordert.

Wenn Sie sich nicht vorstellen können, was diese ganzen Kompetenzen, Prozesse und Konzepte konkret bedeuten, dann geht es Ihnen genauso wie wahrscheinlich den meisten Eltern und auch Lehrern. Diesen

Studien liegt nämlich ein neues, modernes Verständnis von «Bildung» zugrunde, das mit der Tradition unserer Schule nicht mehr viel gemein hat.

Eine gute Idee, wie Schüler, Lehrer und Eltern mit den Anforderungen von PISA vertraut gemacht werden können, war die des brandenburgischen Kultusministeriums. Alle 42000 Schülerinnen und Schüler sämtlicher neunten Klassen im Land erhielten im Juni 2002 ein Heft mit PISA-Beispielaufgaben. Ihre Lehrer wurden gebeten, in den letzten Schulwochen vor den Sommerferien oder gleich danach diese Aufgaben mit ihnen durchzusprechen. Das

Ministerium wollte damit in den Schulen Diskussionsprozesse über im Unterricht zu entwickelnde Kompetenzen auslösen. Schüler, Lehrkräfte und Eltern sollten sich auf diese Weise ein Bild von dem machen können, was im PISA-Test verlangt wurde, und anhand der Beispielaufgaben einen Eindruck von den angestrebten Kompetenzen erhalten.

Schlüsselqualifikationen

Die Anforderungen, die die PISA-Testaufgaben an Schüler stellen, haben viel mit den so genannten «Schlüsselqualifikationen» zu tun.

SCHLÜSSELQUALIFIKATIONEN

- ermöglichen es, das jeweils geforderte Spezialwissen zu erwerben,
- beziehen sich auf die allgemeine Leistungsfähigkeit, aber nicht auf spezielle Kenntnisse,
- stellen Qualifikationen dar, mit denen nicht nur heutige, sondern auch zukünftige Aufgaben bewältigt werden können,
- gehen weit über die Kenntnisse, Fähigkeiten und Fertigkeiten hinaus, die traditionell in der Schule vermittelt werden,
- sind ein Schlüssel zur persönlichen Entwicklung, indem sie zum lebensbegleitenden Lernen fähig machen, und
- umfassen methodische, soziale bzw. kommunikative und persönliche Kompetenzen.

Kein Wunder, dass die Schlüsselqualifikationen zuerst im Bereich der Wirtschaft aufkamen. Die moderne Arbeitswelt verlangt Arbeitskräfte, die geistig beweglich, lernfähig und zur Arbeit im Team bereit sind. Sie sollen bei auftretenden Problemen nicht immer erst den Chef fragen, sondern über eigene «Problemlösungskompetenz» verfügen.

Schule als die Institution, die alle Kinder und Jugendlichen auf das Leben vorbereiten soll, wurde seit den 8oer Jahren von Wirtschaftsverbänden aufgefordert, die Schlüsselqualifikationen zu vermitteln. Dahinter steckt natürlich viel materieller Eigennutz. Andererseits sollen die Schüler von heute später erfolgreich ins Berufsleben einsteigen können, und wirtschaftlicher Erfolg ist für jeden Einzelnen wie auch für jede Gesellschaft eine wichtige Grundlage der weiteren Entwicklung.

Außerdem geht es nicht nur um den Schlüssel für ökonomischen Erfolg. Wir benötigen diese Schlüsselqualifikationen noch dringender für die Bewältigung unserer sozialen und ökologischen Zukunft, für die Schaffung einer lebenswerten, friedlichen und gesunden Welt.

BEISPIELE FÜR ÖKOLOGISCHE SCHLÜSSELQUALIFIKATIONEN

- Kommunikations- und Streitfähigkeit
- Konfliktlösungskompetenz
- Soziale Kompetenzen
- Frustrationstoleranz
- Friedensfähigkeit
- Idealismus («Sein» statt «Haben»)
- Umweltverträgliche Mobilität
- Nachhaltigkeit

Bei genauem Hinsehen wird deutlich, dass dieser Katalog von ökologischen Schlüsselqualifikationen auch im Wirtschaftsleben nützlich ist. Vor allem im Blick auf langfristige wirtschaftliche Entwicklungen sind alle genannten Kompetenzen bedeutsam. Da unsere Welt heute einem rasanten Wandel unterliegt und wir überhaupt nicht wissen können, wie sie in zwanzig Jahren aussehen mag, kann der Schlüssel zur Zukunft nur in der Förderung der Entwicklung von verantwortungsbereiten und starken Persönlichkeiten liegen, die später in der Lage sein werden, den Wandel anzunehmen und konstruktiv auf ihn zu reagieren.

Starke Eltern sind nicht nur daran interessiert, dass Schule diesem Anspruch gerecht wird. Sie versuchen, ihm auch im Familienleben gerecht zu werden.

SO KÖNNEN ELTERN SCHLÜSSELQUALIFIKATIONEN FÖRDERN:

- Arbeitstechniken: Wenn Eltern aktive Hobbys pflegen und dadurch ihre Kinder zum Nachmachen animieren, lernen diese spielerisch, wie man Sammlungen sortiert, Fachzeitschriften nutzt, Informationen recherchiert bzw. erfragt usw.
- Kreativität wächst, wenn man ihr Raum gibt. Kleine Kinder entfalten sie beim Spielen mit Sand und Bauklötzen, ältere beim künstlerischen Gestalten jeder Art. Voraussetzungen dafür sind Vorbilder, zumindest Anregungen durch Museums-, Konzert- oder Theaterbesuche, bestätigendes Lob und der Schutz vor Reizüberflutung.

«Kreativität»

- Zeitmanagement lernt Ihr Kind von Ihnen, wenn Sie selber Ihre Zeit einteilen, einen Familien-Terminplaner im Flur oder beim Telefon haben und nutzen und bei den Mahlzeiten Zeitabsprachen für den Tag, die Woche und das Jahr treffen.
- Teamfähigkeit entwickelt sich durch Aufgabenteilung im Haushalt, beim gemeinsamen Kochen oder auch bei der Planung der Geburtstagsfeier, zu der jeder seinen Teil beiträgt.
- Kommunikations- und Konfliktlösefähigkeit ist fast ausschließlich eine Sache der Erfahrung. In Familien, in denen viel miteinander gesprochen wird und Streitigkeiten ausdiskutiert werden, entwickelt sie sich ganz nebenbei.
- Frustrationstoleranz hat mit der Erfahrung von Grenzen zu tun. Wenn Ihr Kind daran gewöhnt ist, dass es nicht alles darf, wenn es viel Gelegenheit zu selbständigem Tun hat und dabei auch erkennt, was ihm einfach noch nicht gelingen will, nimmt es Versagungen als etwas ganz Normales an.

Die Bedingungsfaktoren des Schulerfolgs

- *Was glauben Sie: Über welche Eigenschaften muss jemand verfügen, um in der Schule gute Noten erzielen zu können?*
- *Welche Eigenschaft(en) sollte(n) bei Ihrem Kind besser ausgeprägt sein, um einen größeren Schulerfolg zu erreichen?*
- *Ist das eher Begabungs- oder eher Trainingssache?*

Schulerfolg in Form von guten Noten ist nicht allein eine Sache von «Begabung» oder «messbarer Intelligenz». Natürlich gibt es angeborene Intelligenzunterschiede; sie sind so natürlich wie unterschiedliche Körperlänge oder Schuhgröße. Natürlich gibt es «musische Begabungen» oder besonders «sportliche Typen». Vieles wird einem bei der Geburt «in die

Wiege gelegt», wie der Volksmund es ausdrückt. Die angeborene Intelligenz oder Spezialbegabung ist aber auch entwicklungsfähig und damit abhängig von äußeren Anregungen.

Anlage und Umwelteinflüsse stehen in einem ständigen Wechselspiel; sie sind Voraussetzung für Entwicklung und zugleich ihr Resultat.

BEDINGUNGSFAKTOREN DES SCHULERFOLGS

Intelligenz

Konzentration   Ausdauer

Interesse   Lerntechniken

Schul-   - Zeitmanagement

leistung/

Motivation   *-erfolg*   - Systematik

Selbständigkeit   Frustrationstoleranz

Konstitution   Gesundheit

Selbstwertgefühl

Familie

soziales Umfeld

Schule

Der Faktor «Intelligenz» bildet den Kopf in der Figur der Bedingungsfaktoren für Schulerfolg. Er ist notwendig, aber alleine nicht hinreichend, um in der Schule erfolgreich zu lernen. Die seitlich angeordneten Begriffe bilden gewissermaßen die Assistenten für seine Umsetzung in Lernleistung (Stützfaktoren). Darum ist es gar nicht verwunderlich, dass die Bandbreite der gemessenen Intelligenz von Hauptschülern und Gymnasiasten sich deutlich überschneidet. So mancher Schüler erreicht das Abitur, obwohl IQ-Tests ihm eine vielleicht nur knapp durchschnittliche intellektuelle Begabung bescheinigen. Ausdauer und große Motivation bringen ihm den Erfolg, den andere trotz besserer IQ-Werte nicht erreichen, weil sie möglicherweise einfach nicht das nötige Interesse für die Schule aufbringen oder sich vielleicht nicht in die Gemeinschaft einfügen können. Je höher der IQ, desto weniger wichtig sind die Stützfaktoren der Intelligenz; je niedriger der IQ, desto bedeutsamer seine «Assistenten».

Die Basis der Bedingungsfaktoren für Schulerfolg bildet das Selbstwertgefühl. Ohne das Gefühl «Ich bin okay, so wie ich bin» haben es Kinder (wie auch Erwachsene!) ganz schwer, ob in der Schule oder außerhalb. Ein «gesundes Selbstbewusstsein» erleichtert schulisches Lernen genauso wie angemessenes Sozialverhalten und hilft darum dem Schulerfolg ungemein.

Familienleben und Schulerfolg

In den Kapiteln 4 (Selbstbewusstsein, Motivation), 5 (Lern- und Arbeitstechniken im Zusammenhang mit den Hausaufgaben) und 6 (Konzentration) werde ich die wichtigsten Stützfaktoren und ihre Förderung behandeln. Hier geht es zunächst darum, wie Sie als starke Eltern die Faktoren für den Schulerfolg ganz allgemein fördern und die Rahmenbedingungen der Familie, des sozialen Umfelds und der Schule positiv nutzen können.

SCHLECHTE NOTEN AUCH FÜR DEUTSCHE ELTERN

«Nach dem miserablen Abschneiden der deutschen Schüler bei der Schul-
leistungsstudie ‹Pisa› geraten nun auch Eltern und Lehrer in die Kritik.
Eine Begleitbefragung zeigt jetzt auf, dass deutsche Eltern weitaus weniger
mit ihren Kindern über Schule und vor allem über persönliche Dinge reden
als Eltern in anderen Industriestaaten. Zudem zeigen deutsche Lehrer nach
Einschätzung ihrer Schüler zu wenig Interesse an ihrem Lernerfolg. Ver-
misst wird vor allem Hilfe beim Lernen und ein Eingehen auf ihre individu-
elle Lern- und Lebenssituation. All dies geht aus den ‹Pisa›-Schülerbefra-
gungen hervor, die die Organisation für wirtschaftliche Zusammenarbeit
und Entwicklung (OECD) am Sonntag in Paris veröffentlichte. Nur etwas
mehr als 40 Prozent der deutschen Eltern reden danach regelmäßig mit
ihren Kindern über die schulischen Leistungen. In den Niederlanden sind
dies dagegen gut 60 Prozent, in Italien sogar über 80 Prozent (OECD-
Durchschnitt: 51,2).

ZU WENIG ZEIT FÜR PERSÖNLICHE GESPRÄCHE

Ähnlich sieht es bei der Frage aus, ob Eltern regelmäßig Zeit für persönliche
Gespräche mit ihrem Nachwuchs finden. Dabei scheinen mit 86 Prozent in
Italien die Familienbande noch am festesten zu sein, gefolgt von den Nieder-
landen (69,5 Prozent) und Großbritannien (61,7). In Deutschland be-
scheinigen dies nur 41,2 Prozent der 15-Jährigen ihren Eltern. Während
zugleich mehr als jedes dritte Elternteil in Japan, Großbritannien oder
Italien ‹mehrmals in der Woche› Muße findet, mit dem Schüler über
Bücher, Filme und Fernsehen zu reden, sind dies in Deutschland nur
16,2 Prozent der Eltern.»
(Frankfurter Allgemeine, 16. 12. 2001)

Was Kinder von klein auf immer brauchen, sind die «vier pädagogischen Z» (Wallrabenstein 1999): Zeit, Zuwendung, Zuversicht und Zukunft. In den frühen Lebensjahren haben die ersten zwei Begriffe sicherlich den größeren Stellenwert im Umgang mit dem Kind, während die letzten beiden besonders ab der Pubertät Bedeutung gewinnen, wenn eigene Lebensperspektiven entwickelt werden. Grundsätzlich sind jedoch alle vier Begriffe in jedem Alter bedeutsam.

Zeit und Zuwendung sind kostbar, denn in manchen Familien nimmt man sich nur wenig Zeit füreinander. Wenn beide Eltern berufstätig sind oder jemand sein Kind allein erzieht, ist Zuwendungszeit nicht leicht zu organisieren. Doch es kommt gar nicht allein auf die Zeitmenge an, sondern viel mehr auf die Qualität. Je weniger Zeit ich für mein Kind habe, desto wichtiger ist es, sie ihm auf besonders sinnvolle Weise zu widmen.

Gerade wenn ich wenig Zeit habe, ist es wichtig, dass die vorhandene Zeit eingeteilt und auch mein Kind daran gewöhnt wird, sich manche Stunden des Tages für bestimmte Dinge zu reservieren. Sollten Sie erst ab dem späten Nachmittag mit Ihrem Kind zusammen sein können, wäre es doch schade, wennSie sich dann vorrangig um seine Hausaufgaben kümmern müssten! Helfen Sie Ihrem Kind, sich den Tag einzuteilen, sich an feste Hausaufgabenzeiten und bestimmte Fixpunkte zu gewöhnen: feste Aufstehzeit, regelmäßige Mahlzeiten, ein

Haben Sie Ihrem Kind heute schon
- ein liebes Wort gesagt?
- ein Lob gespendet?
- einen Auftrag erteilt?
- etwas vorgelesen?

Haben Sie mit Ihrem Kind heute schon
- gelacht?
- getobt?
- gespielt?
- über ... geredet?
- eine Mahlzeit eingenommen?
- etwas geplant?

Haben Sie Ihr Kind heute schon
- nach ... gefragt?
- auf eine Regel hingewiesen?
- in den Arm genommen?

wiederkehrendes Gute-Nacht-Ritual. Mag Ihr Kind auch gelegentlich protestieren – im Grunde wird es dankbar für die festen Strukturen sein, die Sie ihm damit geben. An ihnen kann es sich orientieren.

Das soziale Umfeld

Diese Strukturen sind auch deshalb so wichtig, weil das soziale Umfeld ständig an Einfluss zunimmt, je älter Ihr Kind wird. Dieser Einfluss mag Ihnen gelegentlich gar nicht willkommen sein: Freunde, die Sie eher mit skeptischem Blick betrachten; unkontrollierbare Medieneinflüsse; jugendgefährdende Szenen oder Plätze in der Umgebung. Und doch ist es wichtig, dass Ihr Kind dieses Umfeld für sich erobert. Seine Erfahrungen darin steuern die Weiterentwicklung seines Bewusstseins von sich selbst, denn es erfährt sich im Spiegel der Reaktionen seiner Mitmenschen.

Aus diesem Grund sind Verbote (*«Mit dem spielst du aber nicht!»* – *«Da gehst du mir nach der Schule nicht hin!»* – *«Diese Sendung ist für dich tabu!»*) wenig hilfreich. Ein Verbot ist letztlich auch eine Form von Problemlösung, die ein Kind um seine Erfahrung betrügt (vgl. S. 53 f.). Gleichzeitig drückt es aus, dass Sie Ihrem Kind nicht zutrauen, mit den lauernden Gefahren umgehen zu können. Die darin enthaltene nonverbale Botschaft lautet: *«Meine Eltern trauen mir nicht zu, dass ich zurechtkomme.»*

Starke Eltern muten ihren Kindern altersgemäße Eigenverantwortung zu. Sprechen Sie einfach mit Ihrem Kind über Ihre Befürchtungen und treffen Sie gegebenenfalls Absprachen.

Sofern es möglich ist, lernen Sie das soziale Umfeld Ihres Kindes (nach Absprache) kennen und nehmen Sie Anteil an seiner Welt.

Laden Sie beispielsweise die «unmöglichen» Freunde Ihres Kindes nach Hause ein, je nach Alter zu Kakao und Kuchen oder einer Grillparty. Sollten sie sich auch bei dieser Gelegenheit unmöglich benehmen, wird es Ihrem Kind wahrscheinlich selber peinlich sein. Auf jeden Fall können Sie sich erst jetzt ein realistisches Bild von ihnen machen und haben Ansatzpunkte, um mit Ihrem Kind über sie zu sprechen, ohne dass es Ihnen Vorurteile vorwerfen kann.

Sprechen Sie über Ihre tatsächlichen Beobachtungen an jenen eventuell jugendgefährdenden Szenen (Discos) oder Plätzen (Prostitution, Drogenhandel), von denen Sie eine Gefahr für Ihr Kind befürchten. Erkennen Sie auch den Mut Ihres Kindes diesbezüglich an, dann muss es Ihnen nichts mehr beweisen.

Schauen Sie wenigstens gelegentlich gemeinsam eine der Fernsehsendungen an, die Ihr Kind bevorzugt. Wenn Sie zur Sendezeit nicht schauen können, bitten Sie Ihr Kind, sie für Sie aufzunehmen. Entscheidend ist, dass Sie Ihre «An-Schauung» konkret begründen können und nicht in Form von Vorurteilen. Außerdem verstehen Sie dann eher, woher modische Redewendungen, Gesten oder Kleidervorlieben kommen. Dasselbe gilt auch für Videos und Computerspiele.

Sie dürfen Ihrem Kind durchaus kritische Distanz zu den Medien zutrauen. Nur wenn Sie einen stark überzogenen Medienkonsum feststellen, sind Gegenmaßnahmen unbedingt erforderlich. Lassen Sie sich im Zweifelsfall bei einer Erziehungs- oder auch Suchtberatungsstelle fachkundig beraten.

Ein zweiter Weg für den Umgang mit dem sozialen Umfeld Ihres Kindes ist es, die positiven Seiten zu suchen und zu nutzen. Das heißt konkret:

- *Animieren Sie Ihr Kind dazu, seine Spielkameraden oder Schulfreunde öfters einzuladen.*

- *Regen Sie Hausaufgaben- und Lerngemeinschaften an.*

- *Führen Sie Ihr Kind in Institutionen des Umfelds ein, die einen positiven Einfluss ausüben: Bibliothek, Theater, Museum, Vereine, Jugendrotkreuz oder -feuerwehr, Jugendgruppen etc.*

- *Wählen Sie Ihre TV-Sendungen bewusst aus und diskutieren Sie in der Familie darüber, warum Ihnen bestimmte Sendungen wichtig sind; das gilt auch für Ihren sonstigen Medienkonsum.*

Schule und Lehrer

Viele Eltern bringen der Schule heute großes Misstrauen entgegen, nicht zuletzt aufgrund der öffentlichen Diskussion um TIMSS und PISA.

Manche Politiker schüren diese Einstellung noch mit unsachlicher Kritik, um politisches Kapital daraus zu schlagen. So schlecht wie sein Ruf ist unser Schulwesen nicht, vor allem nicht durchgängig. Es gibt durchaus gute Schulen und fähige, engagierte Lehrkräfte. Es gibt auch Schulen, die sich auf einen entschlossenen Weg der Entwicklung gemacht haben und gemeinsam mit Eltern ihr Schulprogramm kontinuierlich gestalten. Vor allem bietet unser Schulsystem Mitwirkungsmöglichkeiten für Eltern und Schüler, die oft noch gar nicht ausgeschöpft werden.

Selbstverständlich hängt der Schulerfolg der Kinder auch von der Qualität der besuchten Schule ab. Die erkennt man zum Beispiel an Rahmenbedingungen wie Aus- und Fortbildungsstand im Kollegium, Unterrichtsmethodik, Betriebsklima, vorherrschende pädagogische Grundeinstellung und Konsens in erzieherischen Fragen, Ausstattung, Zustand der Räumlichkeiten, Mobiliar, Klassengröße und -zusammensetzung. Aber der wichtigste innerschulische Erfolgsfaktor ist die Qualität der Beziehung zwischen Lehrerin und Schüler. Wenn sie stimmt, bietet das die bestmöglichen Voraussetzungen für erfolgreiches Lernen; selbst gelegentliche Unterrichtsausfälle können dann nichts verderben. Wenn die Lehrer-Schüler-Beziehung jedoch problematisch ist, verstärkt das andere ungünstige Rahmenbedingungen erheblich.

Als starke Eltern achten Sie deshalb auf einen guten Kontakt zur Lehrerin und bewerten andere Rahmenbedingungen nicht über. Sie hören aus den Erzählungen Ihres Kindes heraus, ob die «Chemie» zwischen beiden stimmt.

Sie können Ihren Teil zu einer guten Lehrer-Schüler-Beziehung beitragen:

- *Pflegen Sie den Kontakt und nutzen Sie die Sprechstunde.*

- *Erkundigen Sie sich danach, wie die Lehrerin Ihr Kind erlebt und ob es sich augenscheinlich wohl fühlt.*

- *Machen Sie deutlich, dass Ihnen ihre Beobachtungen und Erfahrungen wichtig sind.*

- *Loben Sie die Lehrerin, wenn es etwas zu loben gibt oder Ihr Kind Positives von ihr erzählt hat.*

- *Wenn Ihnen eine pädagogische Maßnahme, die Hausaufgaben oder Unterrichtsmethoden unverständlich vorkommen, dann fragen Sie einfach nach und bitten um Erklärung.*

Für den Fall einer schlechten Lehrer-Schüler-Beziehung und daraus resultierenden Konflikten sollten Sie als starke Eltern selbstbewusst, aber keinesfalls provozierend auftreten und immer wieder das Gespräch suchen. Hilfen für solche Situationen finden Sie in Klein / Träbert, Wenn es mit dem Lernen nicht klappt, rororo 60963, S. 126–135.

Seien Sie sich bei all Ihrem Interesse aber stets bewusst, dass Ihr Kind mit seiner Lehrerin auskommen muss und nicht Sie. Vielleicht finden Sie sie unmöglich, aber Ihr Kind kommt zurecht. Kritisierende Kommentare Ihrerseits würden dann eine durchaus funktionierende Beziehung beeinträchtigen, ohne etwas zu ändern.

Versuchen Sie auch zu verstehen, was hinter Lehrerverhaltensweisen an Erfahrungen oder Absichten steht, bevor Sie sich kritisch äußern.

Großer Geist,
bewahre mich davor,
über einen Menschen zu urteilen,
ehe ich nicht eine Meile
in seinen Mokassins
gegangen bin.

(Unbekannter Apachenkrieger)

Nicht immer ist die Lehrerin «böse», wenn Ihr Kind mal über sie schimpft. Wer einen Fehler gemacht hat, neigt gerne dazu, zunächst andere dafür verantwortlich zu machen – das geht uns Erwachsenen nicht anders. Ihr Kind wird solche Situationen gut bewältigen, wenn Sie es ganz einfach mit seinem Gefühl annehmen: «Oh, da bist du aber wütend auf deine Lehrerin.» – «Das hat dich wohl mächtig geärgert.» – «Du findest die Strafe anscheinend sehr ungerecht.» Solche Reaktionen lassen das Problem beim Kind. Es muss seinen eigenen Weg finden, damit umzugehen. Wenn wir eine Beschwerde immer gleich als Appell verstehen, bei der Lehrerin zu intervenieren, werden wir nicht nur die Lehrer-Eltern- und Lehrer-Schüler-Beziehung belasten, sondern unser Kind auch untüchtig machen, seine Beziehungen selbst zu gestalten, Konflikte eigenständig und konstruktiv auszutragen und mit sich selber kritisch umzugehen.

Wenn Ihr Kind allerdings häufig klagt oder über längere Zeit Auffälligkeiten wie Kopfschmerzen ohne klare Ursache, Schul-Bauchweh, Schlafstörungen oder unverständliche Verhaltensweisen an den Tag legt, sollten Sie das Gespräch mit der Lehrerin suchen.

Kapitel 3 | *Erwartungen, Verantwortung und Noten*

Wenn ein Kind arbeitet,

lernt es spontan,

frei, freudig, intensiv

und

ohne Belohnung.

(Maria Montessori)

«Ach, Herr Träbert – heute habe ich für Torben den Aufsatz geschrieben, den er als Hausaufgabe aufhatte», gestand mir Frau Stelzer, Torbens Mutter, im Beratungsgespräch. *«Ich habe einfach das ständige Gestreite nicht mehr ertragen.»*

Wie Frau Stelzer geht es auch anderen Eltern (wobei Väter nur selten in solche Situationen geraten, denn sie kommen bei den Hausaufgaben kaum vor). Zu dieser extremen Form der «Hilfe» bei den Hausaufgaben lassen sie sich verführen, wenn a) das Kind sich nur ausdauernd genug verweigert und b) die Eltern sich selbst in der Verantwortung für das Erledigen der Hausaufgaben sehen. Diese Verantwortung ziehen sie dann an sich, wenn sie die Befürchtung haben, der Schulerfolg könne hinter ihren Erwartungen, hinter dem «Soll» zurückbleiben.

Elternwünsche in Bezug auf Schulabschlüsse

Alle zwei Jahre untersucht das Dortmunder Institut für Schulentwicklungsforschung (ISF), wie Schule von der öffentlichen Meinung gesehen wird. Dazu gehört stets auch die Frage: *«Welchen endgültigen Schulabschluss sollte Ihr Kind nach Ihren Wünschen erreichen?»* Für das Jahr 2000 gaben die Eltern in den westdeutschen Bundesländern, die zum Zeitpunkt der Befragung ein Kind in der Grundschule hatten, Folgendes an:

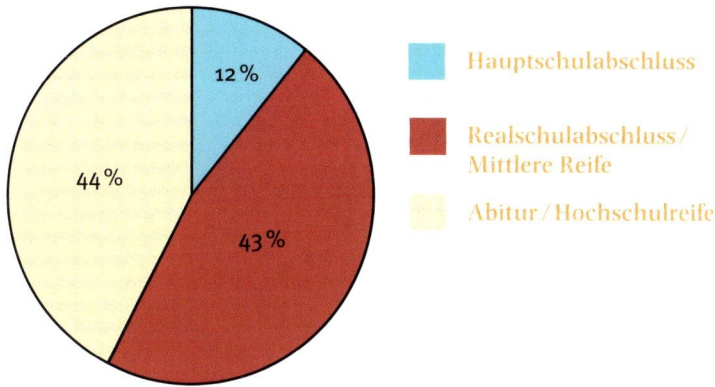

Schulabschlusswünsche 2000 von westdeutschen Eltern mit Kind in der Grundschule (vgl. Rolff u. a. 2000, S. 17)

Diesen Wünschen in Bezug auf den Schulabschluss stehen die tatsächlich erreichten Abschlüsse gegenüber. Die Quoten schwanken von Jahr zu Jahr leicht und unterscheiden sich teilweise erheblich in den Bundeslän- dern. Die Kultusministerkonferenz (KMK) veröffentlicht auf ihren Internetseiten diese bundesdeutschen Durchschnittszahlen für das Jahr 1997 (www.kmk.org / statist / bwkdaten. htm#oben):

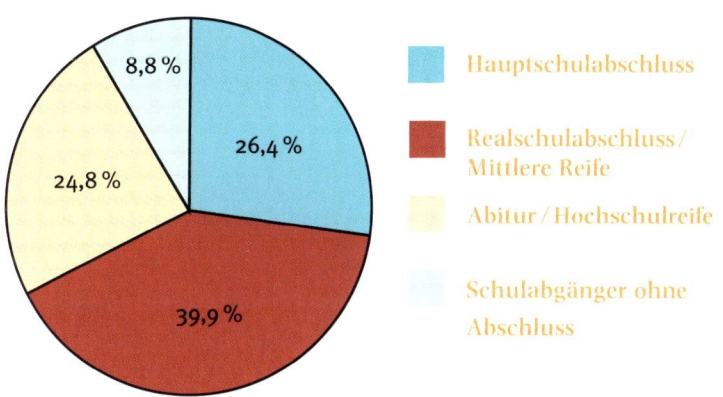

Schulabschlussquoten in der Bundesrepublik Deutschland 1997 laut Kultusministerkonferenz (KMK)

Wie man beim Vergleich von Wunsch und Wirklichkeit anhand der beiden Grafiken unschwer erkennt, lassen sich die elterlichen Bildungswünsche von mehr als der Hälfte aller Schüler in unserem Schulsystem nicht erfüllen. Zwar erreichen einige Prozent eines jeden Jahrgangs über den zweiten Bildungsweg im Nachhinein doch noch einen höheren als den ursprünglichen Schulabschluss, aber 44 Prozent Abiturienten sind noch eine Illusion, von 70 Prozent Studienberechtigten wie in Finnland oder gar 75 Prozent wie in Schweden gar nicht zu reden.

Diese Diskrepanz zwischen elterlichen Bildungswünschen und der tatsächlichen Schullaufbahn des Kindes führt häufig zu einem Erwartungsdruck, der die Lernfreude überschattet und die Leistungsfähigkeit beeinträchtigt.

Die Freude
fördert das Lernen
wie die Sonne
das Wachsen im Garten.

(Marion Bergk)

Erwartungen wirken unbewusst

Wie sehr unsere Erwartungen uns beeinflussen, ist uns normalerweise gar nicht bewusst.
Bitte überlegen Sie: Lieben Sie Ihr Kind gleichermaßen, egal, ob es gute oder schlechte Noten nach Hause bringt?
Die meisten von Ihnen werden diese Frage jetzt bejaht haben. Und es gibt auch keinen Grund, daran zu zweifeln, dass es elterliche Absicht ist, sein Kind unabhängig vom Schulerfolg zu lieben.

Variieren wir die Frage einmal: Sind Sie mit Ihrem Kind zufrieden, ganz gleich, ob es gute oder schlechte Noten nach Hause bringt?
Auch jetzt wird es noch ein hohes Maß an Zustimmung geben, wenn vielleicht auch nicht mehr ganz so hoch. Natürlich sind wir als Eltern mit unserem Kind als Mensch (fast) immer zufrieden, *«aber manchmal könnten die Schulleistungen doch wirklich besser sein.»*

In dem Buch «Schule als Familienproblem» entdeckte ich folgende Zahlen:

Eltern sind zufrieden mit:	Schulleistung des Kindes (in %)	
	gut	schlecht
– dem Kind	96	82
– dem Leben im Allgemeinen	89	75
– der eigenen Arbeit	85	75
– dem bisher Erreichten	84	69
– den persönlichen Zukunftsaussichten	82	64

Zusammenhang von Zufriedenheit der Eltern mit den Schulleistungen ihrer Kinder (Ulich 1993, S. 163)

Ich finde es überraschend, wie stark die Schulleistungen der Kinder auf die gesamte elterliche Zufriedenheit ausstrahlen. Damit beeinflussen sie unmittelbar das Familienklima, wenn auch natürlich nicht als einziger Faktor. Sorgen um die Zukunft spielen hierbei genauso eine Rolle wie familiär geprägte Leistungserwartungen (*«In unserer Familie hat jeder das Abitur!»*) oder der Vergleich mit erfolgreicheren Schülern aus Verwandtschaft, Kollegenkreis oder Nachbarschaft.

Aus meinen zahlreichen Beratungsgesprächen habe ich den Eindruck gewonnen, dass es zumeist die Väter sind, die ihre Unzufriedenheit ausdrücken und dann in Form von Ansprüchen an ihre Frau richten: *«Du bist doch mehr zu Hause als ich, dann kümmere dich bitte auch darum,* *dass das in der Schule besser läuft!»*

Mütter hingegen kapseln ihre Unzufriedenheit eher ein; sie reagieren häufig ungeduldig und ärgerlich gegenüber dem Kind, ohne genau zu wissen, warum. Daraus entwickeln sich dann oft regelrechte Schuldgefühle. Sollte es Ihnen ähnlich gehen, helfen die folgenden Gedankenimpulse weiter, um sich der eventuell verdrängten Emotionen bewusst zu werden:

- *Manchmal ist es verdammt schwer, bei den Hausaufgaben nicht aus der Haut zu fahren.*
- *Es tut weh, wenn man sich solche Mühe mit dem Kind gibt und die Resultate dann so erbärmlich ausfallen.*
- *Wenn die Leistungen jetzt nicht endlich besser werden, wird die*

Lehrerin wieder mahnen, ich sollte mehr mit meinem Kind üben. Dabei üben wir doch schon so viel.

- *Wieso tun sich eigentlich die anderen Kinder alle mit dem Lernen so leicht und nur meines nicht?*
- *Manchmal bin ich ratlos.*

Wer sich auf solche Gedanken einlässt, gewinnt leichter den Zugang zu seinen Gefühlen. Sie können dann zu der Erkenntnis führen: *«Ich fühle mich zuständig und verantwortlich für den Schulerfolg meines Kindes.»* Aber können sich Eltern diesen Schuh wirklich anziehen?

Wer hat die Verantwortung für den Schulerfolg?

Ein Vater erscheint mit seinem Sohn zur angebotenen Sprechstunde nach Ausgabe der Halbjahreszeugnisse. Der Lehrer bietet ihm und dem Kind Platz an. Der Junge setzt sich, doch der Vater ist zu aufgebracht dazu. Wütend fuchtelt er mit dem Zeugnisblatt herum: «Versetzung gefährdet», schnaubt er. «Das haben Sie ins Zeugnis geschrieben. Wissen Sie eigentlich, was Sie einem sensiblen Kind damit antun?» Herausfordernd sieht er den Lehrer an. Der Junge spielt unterdessen mit seinem Gameboy.

Im Unterschied zur Mehrzahl der Mütter versuchen Väter, ihren Kindern im Misserfolgsfall den Weg freizuräumen. Manchmal allerdings können auch Mütter so auftreten, aber dann steht meistens der Vater mit seinen Erfolgsansprüchen im Hintergrund.

Ein Auftritt wie in der obigen Szene ist allerdings ein vorläufiger Höhepunkt in einer Entwicklung, die bereits länger andauert. Sie beginnt mit der häuslichen Lern- und Hausaufgabensituation.

Bitte schätzen Sie: Wie viel Prozent aller Grundschüler machen ihre Hausaufgaben selbständig?

Mit dem Schuleintritt sollen die Kinder spielerisch und in Form eines fließenden Übergangs an die Hausaufgaben herangeführt werden. In aller Regel sind sie stolz auf ihre ersten «Hausis». Die Lehrerin gibt sie ihnen auf, und sie fertigen sie auch für die Lehrerin an. Die meisten «i-Dötzchen» lieben ihre erste Lehrerin und tun alles für sie, aber noch lange nicht, weil sie damit fürs Leben lernen.

Für die Eltern sind Hausaufgaben jedoch eine Form der Kontrolle über den Unterrichtsfortschritt. Sie möchten unbedingt, dass ihr Kind von Anfang an erfolgreich lernt, damit es nicht «abhängt» und Nachteile für den späteren Bildungs- und Lebensweg entwickelt. Darum setzen sich rund 50 Prozent aller Eltern täglich bei den Hausaufgaben dazu, 40 Prozent tun das mehr oder weniger häufig, und nur 10 Prozent aller Grundschüler fertigen ihre Hausaufgaben stets selbständig an!

Selbständiges Lernen und Arbeiten ist ein wichtiges Entwicklungsziel für Kinder. Ein Großteil der heutigen Schüler wird später einmal in Berufen arbeiten, die es noch gar nicht gibt, und sie werden durchschnittlich dreimal während ihres Arbeitslebens den Beruf wechseln müssen. Lebensbegleitendes Lernen ist also angesagt, und zwar in eigener Regie. Selbständigkeit kann ein Kind jedoch nur lernen, wenn es selber und auf eigenen Füßen steht. Den Boden dafür bereitet die frühkindliche Selbständigkeitserziehung, die ihm

Gelegenheit zu vielfältigen eigenen Erfahrungen gibt.

Starke Eltern lassen dem Kind also die Verantwortung für seine Hausaufgaben. Sie wissen, dass es nicht in erster Linie auf das Ergebnis ankommt, auf das Schriftbild oder die Fehlerfreiheit. Sie verstehen, dass *der Prozess des Aufgabenlösens* entscheidend ist, denn dabei entstehen die Aha-Erlebnisse und Einsichten, die wirkliches Lernen ausmachen. Lassen Sie mich das an zwei unterschiedlichen Situationen verdeutlichen:

Klaus räumt seine Schulsachen auf den Tisch. «Mama, hilfst du mir beim Rechnen? Ich kann das nicht», bettelt er, bevor er überhaupt versucht hat, einen Überblick über seine Aufgaben zu bekommen. Seine Mutter beugt sich über das Buch und sagt: «Aber das ist doch ganz einfach. Du musst nur . . . »
Ralf packt seine Mathesachen auf den Tisch. «Was soll ich denn hier machen?», fragt er laut. Als seine Mutter gar nicht reagiert, liest er sich erst einmal die Aufgabe laut vor. Dann denkt er sich: «Ach so, da muss ich erst . . . »

Klaus im ersten Beispiel lernt lediglich, einen vorgegebenen Rechenweg nachzumachen. Er lernt eine bestimmte Vorgehensweise auswendig, so wie jemand eine neue Autoroute auswendig lernt, indem er sie als Beifahrer mitverfolgt. Das ist bequem für ihn; er wird schnell mit seinen Aufgaben fertig, und seine Mutter glaubt, wie er selber auch, dass er den Stoff beherrsche. Aber jeder Autofahrer weiß, dass sich eine neue Strecke besser einprägt, wenn man sie selber sucht und dann ausprobiert. Ralf verfährt so. Er sucht sich seinen Weg alleine.

Wenn die Lehrerin am nächsten Schultag ein Arbeitsblatt mit Rechenaufgaben präsentiert, die von den Hausaufgaben etwas abweichen, um den «Transfer» der Schüler zu überprüfen, wird Klaus Schwierigkeiten haben. Er kann keine Einsichten auf die abgewandelte Aufgabenstellung übertragen, weil er keine gewonnen hat. Ralf hingegen weiß, wie er es anstellen muss, um die Aufgaben zu lösen, denn er sucht nicht nach einem fertigen Lösungsmuster in seinem Gedächtnis, sondern einen eigenen Lösungsweg. Das ist es, was der berühmte Schweizer Entwicklungspsychologe Jean Piaget mit den Worten beschrieb:

Wer einem Kind die Lösung eines Problems sagt, betrügt es um seine eigenen Erfahrungen.

Umgang mit Noten und Zeugnissen

Warum aber geraten wir Eltern so oft in die Haltung, unseren Kindern intensiv zu «helfen», ihnen damit die Verantwortung für ihr Lernen abzunehmen und sie «um ihre eigenen Erfahrungen zu betrügen»? Letztlich geht es uns um gute Noten. Wir hoffen, dass regelmäßig vollständige und korrekte Hausaufgaben sich positiv auf die Zensuren auswirken. In der Tat können Lehrer bei stets ordentlichen Hausaufgaben den Eindruck haben, dass dieses Kind ein guter Schüler sei. Doch wenn das tatsächliche Können getestet wird, zum Beispiel in Klassenarbeiten mit erweiterten Aufgabenstellungen, zeigt sich rasch, dass bestenfalls auswendig gelernt, aber nichts verstanden worden ist.

Die erhofften guten Noten stellen sich also nicht im gewünschten Maß ein. Davon ist dann die Lehrerin überrascht, wir sind enttäuscht, und das Kind ist irritiert: *«Ich hab doch immer alles richtig gehabt. Wieso klappt es jetzt nicht in der Arbeit?»* Wenn sich Misserfolge wiederholen, entsteht schnell der Gedanke: *«Ich kann das einfach nicht; ich bin zu dumm für Mathe»* (oder ein anderes Fach). Das ist der Einstieg in einen Teufelskreis von Versagen und Verzagen, aus dem wieder erneutes Versagen entsteht.

Dabei sind die Noten letztlich wenig aussagekräftig dafür, was ein Schüler kann oder nicht kann.

Carola hat im Versetzungszeugnis von Klasse drei nach vier im Fach Deutsch ein «befriedigend» erhalten. Ihre Mutter ist damit einigermaßen zufrieden, denn sie weiß ja, dass ihr Kind leistungsmäßig gut im Mittelfeld liegt. Aber was weiß sie über Carolas Fähigkeiten in Bezug auf

- *Rechtschreibung (Fremddiktat, Eigendiktat, freies Schreiben, Abschreiben, Eigenkontrolle, Umgang mit dem Wörterbuch, Regelkenntnis)?*

«Markus hat fünf Einser.»
«In was?»
«Das ist doch egal!»

- *Aufsatz (freies Schreiben, vorge-gebene Aufsätze, Nacherzählun-gen, Wortschatz, Stil)?*
- *Lesen (Erfassen des Inhalts beim stillen Lesen und Inhaltswieder-gabe, Lesetempo und -flüssigkeit, Betonung beim Vorlesen)?*
- *Grammatik (Kenntnis der Wortarten, korrekte Satzbildung, grammatikalische Fachwörter kennen und anwenden, Satzstrukturen erkennen)?*
- *mündliche Leistungen (freies Erzählen, Gedichte aufsagen, Beteiligung an Klassen- und Gruppengesprächen)?*

Das Beispiel mit der Deutschnote zeigt, dass sie uns gar nicht wirklich über die Fähigkeiten unseres Kindes informiert. Zensuren können das Leistungsbild von Schülern nicht zutreffend und ausführlich darstellen. Sie bieten eine sehr grobe Informa-tion ohne Hilfestellung für den weiteren Lernprozess.

Wenn ich die Notenpraxis unseres Schulsystems so heftig kritisiere, dann vor allem aus zwei Gründen:
Erstens möchte ich, dass unsere Schulen die Kinder zum höchstmögli-chen Leistungsniveau führen. Dieses Ziel behindern Ziffernnoten jedoch eindeutig. Sie taugen als Messinstru-ment für Leistung nicht mehr als ein

Gummiband für das Messen von Längen. Ein «gut» in einer Brenn-punktschule kann ein «ausreichend» in der Schule eines bevorzugten Viertels sein. Schon ein Lehrerwech-sel führt zu Notensprüngen.

Der Hannoveraner Erziehungswis-senschaftler Gottfried Schröter schickte die Mathematikarbeit eines Schülers an 100 Lehrer in ganz Deutschland mit der Bitte um Korrektur und Benotung. Das Resultat: Die Noten streuten zwi-schen «2» und «5».

Noten können nur eines: Sie stellen innerhalb der Schulklasse eine recht zuverlässige Rangreihe der Schüler nach ihren Fähigkeiten auf. Aber um Leistungen über die Klasse oder gar über die Schule hinaus vergleichen zu können, sind sie nicht geeignet. Vor allem taugen sie nicht dazu, den Lernprozess eines Schülers zu för-dern, weil sie keine hilfreiche Infor-mation bieten. Wer lernt, braucht immer wieder eine Rückmeldung über seinen Fortschritt, aber auch über seine Lücken, und zusätzlich Hilfestellungen für das Weiterlernen. Ziffernnoten fehlt «das Element des Helfens» (Kurt Singer), das nur mit dem gesprochenen oder geschriebe-nen Wort übermittelt werden kann.
Zweitens kritisiere ich die heutige Notenpraxis deshalb so deutlich,

KRITIK AN ZIFFERNNOTEN

- «Zensuren lassen das Mess- und Bewertbare als Wichtigstes an der Leistung erscheinen; sie schließen andere Leistungsaspekte aus, wie das praktische Tun, die Originalität, den Lernwillen, spezielle Fähigkeiten.
- Sie begünstigen das Konkurrenzdenken, stacheln zum Rivalisieren an und stören das Miteinanderlernen. Kooperation ist aber nicht nur das humanere, sondern auch das erfolgreichere Prinzip.
- Zensuren wirken sich unsozial aus, weil sie die schwachen Schüler noch mehr schwächen und allenfalls die Starken stärken. Kinder, die sich schwer tun, werden durch herabsetzende Zensuren psychisch verletzt.
- Noten sind nicht objektiv, wie zahlreiche Untersuchungen wiederholt zeigten. Das gilt nicht nur für Fächer wie Deutsch, sondern auch für so «objektive» wie Mathematik.
- Zensuren werden oft als Disziplinierungsmittel missbraucht, ihre Androhung zwingt die Schüler zu Wohlverhalten und Anpassung.
- Der Zwang, Schüler mit Ziffern zu bewerten, verleitet Lehrerinnen, Lehrer und Eltern dazu, Kinder nicht ganzheitlich zu sehen, sondern nur im Blick auf ihre Leistung, von der vorgegeben wird, sie sei messbar.
- Ziffernnoten sind undemokratisch; durch ihre unbarmherzige ‹Gerechtigkeit› schränken sie die Kinder in ihrem Grundrecht auf freie Persönlichkeitsentfaltung ein.
- Das Zensurensystem ist ein Teil der heimlichen Gewalt in der Schule. Auf Lehrer wie Schüler wird strukturelle Gewalt ausgeübt durch Noten-Bestimmungen, die sich auf Kinder lernstörend auswirken können.»

(Kurt Singer: Ohne Noten lieber lernen und mehr leisten. Broschüre der Aktion Humane Schule Bayern, S. 7) damit Eltern die Zensuren nicht so wichtig nehmen. Wenn Sie wissen, dass Noten nichts über den künftigen Lebens- und Berufserfolg aussagen (vgl. Einleitung, S. 11), dass sie als Messinstrument für Lernleistung nicht viel taugen und außerdem unerwünschte Nebenwirkungen wie Entmutigung oder Ängste verursachen, dann gelingt es Ihnen möglicherweise leichter, als starke Eltern konstruktiv mit den Zensuren und Zeugnissen Ihrer Kinder umzugehen.

WENN IHR KIND MIT DEN NOTEN NACH HAUSE KOMMT

1. AKZEPTIEREN SIE DIE GEFÜHLE IHRES KINDES!

Es bringt nicht nur seine Note heim, sondern auch die dazugehörenden Emotionen: Freude oder Trauer, Stolz oder Wut, Glück, Verzweiflung oder Angst. Reden Sie ihm nichts aus: «Da musst du doch nicht traurig sein.» – «Das ist doch nicht schlimm.» – «Jetzt ruh dich nur nicht auf deinen Lorbeeren aus!»

Lassen Sie es seine Gefühle aussprechen und freuen Sie sich mit ihm, wenn es Erfolg hatte.

Wenn es leidet, fühlen Sie mit: «Nicht wahr, so eine Note tut weh, wo du doch so viel geübt hast.» Im Gegensatz zu Mitgefühl hilft «Mit-Leid» dem Kind nicht, sein Gefühl konstruktiv zu verarbeiten, sondern verstärkt es nur. Gelegentlich führt es sogar zu Schuldgefühlen.

> *Markus erzählte mir in einer Beratungssitzung: «Ich mag meiner Mama die schlechten Noten nie zeigen. Sie schimpft nie, aber sie hat dann immer so ein trauriges Gesicht, dass ich mich ganz elend fühle.»*

2. VERZICHTEN SIE AUF STRAFEN GENAUSO WIE AUF GELDPRÄMIEN!

Ein deprimiertes Kind braucht Aufmunterung und Zuspruch; eine Strafe hilft ihm nicht weiter. Dennoch brauchen Sie Ihre Regungen nicht zu unterdrücken. Wenn Sie sich ärgern, dann lassen Sie es raus. – Materielle Belohnungen lenken das Augenmerk des Kindes vom Lernen um der Sache willen ab (vgl. S. 63) und können den Erfolgsdruck bis zum blockierenden Stress steigern.

Der Vater des rechtschreibschwachen Kim erzählte mir in der Beratung,
seit Beginn des dritten Schuljahrs blockiere sein Sohn beim Üben völlig.
Dabei habe er ihm nach dem ersten Diktat (Note: 6) ein Mountain-Bike
versprochen, wenn er bis zum Schuljahresende auf eine Drei käme.

3. VERGLEICHEN SIE NOTEN NICHT MIT DEN ZENSUREN ANDERER KINDER!

Vergleiche schüren Konkurrenz und verstärken damit den
Leistungsstress, wecken Neid und die Angst, die Eltern könnten
das andere Kind mehr mögen als es selbst.

4. SPRECHEN SIE MIT IHREM KIND!

Nicht nur, dass es im Gespräch ein Ventil für seine Emotionen hat; es
bekommt so auch die Gelegenheit, nach Gründen und Erklärungen
für seine Note zu suchen. Manchmal gibt es tatsächlich ungünstige
Umstände, die nicht in der Verantwortung des Schülers liegen.
Sollten doch Faulheit oder Fehleinschätzungen eine Rolle gespielt
haben, lässt sich daraus etwas lernen.
Ganz sicher lernt Ihr Kind auch etwas aus Ihren eigenen Noten-
erfahrungen. Erzählen Sie von Ihrer Schulzeit, Ihren Erfolgen oder
Misserfolgen, Ihren Freuden oder Ängsten! Das hilft ihm dabei, seine
Strategien beim Lernen, bei der Vorbereitung auf Tests oder beim
Bewältigen von Frustrationen weiterzuentwickeln.

Eine kleine Begebenheit mag Ihnen zum Ende dieses Kapitels verdeutlichen, warum es sich lohnt, als starke Eltern seine Erwartungen zu kontrollieren, die Verantwortung für den Schulerfolg beim Kind zu lassen und gelassen mit seinen Noten umzugehen: Ein paar Jahre, nachdem ich Stephanie Voss und ihre Mutter beraten hatte, traf ich Frau Voss zufällig auf der Straße. «Ach, hallo!», rief sie mir zu. «Schön, Sie zu sehen. Stephanie wird sich freuen, wenn ich ihr das erzähle. Wir lernen gerade fürs Abitur ...» – Ihnen wird das sicher nicht mehr passieren!

KAPITEL 4 | *Selbstbewusstsein und Motivation*

Wenn du deine Kinder drängst,

verlieren sie das Gleichgewicht.

Wenn du sie dauernd hin und her hetzt,

kommen sie nirgendwo an.

Wenn du sie ins Rampenlicht stellst,

können sie ihr eigenes Licht nicht sehen.

(William Martin)

Das Selbstwertgefühl bildet die Basis für Schulerfolg (vgl. S. 38). Unter welchen Bedingungen kann es sich entwickeln?

Bitte denken Sie einmal an Ihre eigene Kindheit zurück. Was haben Sie da an Ermahnungen oder Zuspruch zu hören bekommen? Gab es Redewendungen, die Ihnen heute noch nachgehen? Beispielsweise: «Ein Junge weint nicht!» – «Stell dich nicht so an!» – «Du bist mein Sonnenschein!» – «Das macht am besten unser Meisterbastler!»

An diese Kindheitsbotschaften können Sie sich heute noch erinnern, weil sie nachhaltig wirkten. Manche schmerzen sogar noch, auf andere blicken Sie immer noch mit Stolz zurück. Ihr Bild von sich selbst ist auf diese Weise zustande gekommen.

Das Selbstbild oder auch «Selbstkonzept» (von lat. *concipere* – zusammenfassen, sich etwas vorstellen), also die Vorstellung, die sich jemand von sich selber macht, wird vom ersten Atemzug an geprägt. Es sind die Reaktionen der unmittelbaren Bezugspersonen auf das Baby, anfangs also vor allem der Mutter und des Vaters, dann weiterer Personen im unmittelbaren Familienkreis, die es spüren lassen, ob es uneingeschränkt willkommen ist oder nicht. Besonders die frühen Lebensjahre entscheiden

also über ein eher optimistisches oder pessimistisches, eher zuversichtliches oder ängstliches, eher aktives oder passives Selbstkonzept. Wenn Sie einem Kind «gesundes Selbstbewusstsein» bescheinigen, dann steht ein positives Selbstbild dahinter, das es ihm ermöglicht, sich etwas zuzutrauen. Kinder mit negativem Selbstkonzept haben als Kleinkinder in der Regel viel Ablehnung, Kritik, Strafen oder möglicherweise auch ein Trauma erlebt, was es ihnen später erschwert, neue Herausforderungen mutig anzugehen.

Wenn ein Kind Schulkind wird, dann spielt diese Grundhaltung eine wichtige Rolle für seine Leistungsmotivation.

Was steckt hinter «null Bock»?

BEGRIFFSBESTIMMUNG

Leistungsmotivation (vom lateinischen *motivum* = Beweggrund, Antrieb) ist ein Persönlichkeitsmerkmal, das von den ersten Lebenstagen an in der Umwelt erlernt wird. Darum ist es relativ stabil. Es drückt sich in Einstellungen und Verhaltensweisen aus, die die Situationsbewältigung entweder hemmen oder fördern.

Von Leistungsmotivation spricht man erst, wenn das Kind sich mit «normativen Leistungsanforderungen» der Eltern und/oder der Schule auseinander setzen muss, in denen es mit anderen verglichen wird. Je nach seiner eigenen Erwartungshaltung reagiert das Kind mit «Hoffnung auf Erfolg» oder mit «Furcht vor Misserfolg» auf die Anforderungen und ist dementsprechend motiviert – oder auch nicht.

Der elterliche Erziehungsstil bewirkt schon im Vorschulalter unterschiedliche Ausprägungen der Leistungsmotivation bei den Kindern. Selbständigkeitserziehung, die von klein auf die Möglichkeit zu eigenen Erfahrungen und Erfolgserlebnissen bietet, fördert die Entwicklung von Erfolgszuversicht.

Wenn Kinder eher misserfolgsängstlich sind, kann der schulische Anfangsunterricht eine wichtige ausgleichende Rolle spielen (vgl. Schön [Hrsg.] 2004). Pädagogische Konzepte, bei denen Schüler die eigenen Fähigkeiten in Formen eigenständigen Lernens erfahren können, zum Beispiel bei Freiarbeit, Stationenlernen oder Werkstattunterricht, fördern das «intrinsische» Lernen um der Sache willen.

Leistungskonkurrenz, Notendruck und Misserfolgserlebnisse hemmen dagegen die Leistungsmotivation besonders der misserfolgsängstlichen Kinder erheblich. Darum sind die zensurenfreien ersten Grundschuljahre so bedeutsam.
(Vgl. Schaub/Zenke 1995, S. 228f.)

«Hoffnung auf Erfolg» und «Furcht vor Misserfolg» sind die zwei zentralen Begriffe aus der obigen Definition. Kinder mit einem positiven Selbstkonzept und gesundem Selbstbewusstsein trauen sich eher etwas zu als andere. Wenn sie als Schüler mit Anforderungen konfrontiert werden, die sie im Unterricht oder als Hausaufgabe erfüllen *müssen*, dann haben sie keine Sorge, sie nicht bewältigen zu können. Sie versuchen es einfach, ohne sich auszumalen, was alles passieren könnte, wenn es nicht klappt.

Kinder mit negativem Selbstkonzept hingegen haben die Erfahrung gemacht, dass jeder Fehler, jeder Misserfolg, jedes unangenehme Auffallen mit Schimpfen oder Strafen geahndet werden. Darum neigen sie dazu, sich allem zu entziehen, was sie sich nicht zutrauen. Sie werden von der «Furcht vor Misserfolg» beherrscht. Das führt zu Trödeln, zu Ausweichverhalten *(«Ich muss erst noch Stifte spitzen /den Hamster füttern ...»)* und zum Hinauszögern des Lernens für Klassenarbeiten oder Prüfungen. Die Hemmschwelle, die man zu Beginn einer Arbeit überwinden muss, fühlt sich beängstigend riesig an, wenn die Furcht mitschwingt: *«Das schaffe ich sowieso nicht so gut, wie ich es schaffen sollte.»*

Erfolgszuversichtliche Schüler haben dagegen kein Problem mit Hemmschwellen.

Bitte erinnern Sie sich: Was äußert Ihr Kind, wenn es einen schulischen Misserfolg kommentiert? Welche Gründe gibt es beispielsweise für eine schlechte Klassenarbeitsnote an? Und was sagt es, wenn es einen Erfolg nach Hause bringt?

Erfolgs- und Misserfolgsorientierung sind die beiden Pole der für den Schulerfolg so bedeutsamen Leistungsmotivation. Natürlich gibt es diese beiden Typen nur selten in der jeweiligen Extremausprägung; sie kommen in allen Abstufungen vor, so wie zwischen Weiß und Schwarz sämtliche Graustufen liegen. Es gibt auch Schüler, die je nach Fach oder Lehrerin unterschiedliche Motivationslagen aufweisen. Dennoch kann die Matrix der Leistungsmotivation Ihnen helfen, Ihr Kind präziser einzuschätzen.

	internal = in mir selbst	external = außerhalb von mir
	liegende Gründe für Erfolg oder Misserfolg:	
invariabel (= unveränderlich)	Begabung	Schwierigkeitsgrad
variabel (= veränderlich)	Anstrengung	Zufall (Glück/Pech)

Die Matrix der Leistungsmotivation

Denken Sie nun bitte noch einmal an die oben erfragten Begründungen Ihres Kindes für Erfolg oder Misserfolg in der Schule. Sagt es beispielsweise: *«O Mann, die Arbeit war viel zu schwierig; das hat niemand richtig geblickt»*, dann begründet es seine schlechte Note mit dem Schwierigkeitsgrad. Der ist vom Schüler nicht zu beeinflussen (invariabel) und nicht zu verantworten (external), denn die Lehrerin legt ihn fest.

«So ein Pech! Es kamen ganz andere Aufgaben dran, als ich gedacht hatte.» – *«Diesmal hatte ich Glück. Genau die Beispielaufgaben, die ich gestern noch geübt habe, sind in der Arbeit drangekommen.»* Solche Äußerungen sprechen für eine ebenfalls externale Begründung, diesmal mit dem Zufall. Weil der aber in Form von Glück oder Pech wechseln kann, gilt dieses Merkmal als veränderlich (variabel).

Eine internale und invariable Begründung (*«*Kausalattribuie-

rung*»*) für Erfolg oder Misserfolg ist die Begabung, die ein Schüler sich zuschreibt. *«Mathe liegt mir einfach nicht»* oder *«Rechtschreiben kann ich nicht, ich bin Legastheniker»* sind entsprechende Aussagen. Wenn ein Kind solch ein Begründungsmuster verwendet, hat es meistens schon eine lange Geschichte von Misserfolg und Versagen hinter sich. Es kann nicht mehr an sich selbst und an den einzigen erfolgsentscheidenden Faktor glauben, den es voll und ganz selbst in der Hand hat: Anstrengung. *«Ich habe gut gelernt»* wäre dagegen eine Äußerung, die für den erfolgszuversichtlichen Leistungsmotivationstyp spricht, genauso wie: *«So ein Mist – hätte ich nur mehr gelernt!»* Wer sich ärgert, dass er zu wenig gelernt hat, glaubt von sich, mit genügend Anstrengung käme er zum Ziel.

Wenn Sie aus den vielen Äußerungen, die Ihr Kind im Laufe der Zeit zu seinen schulischen Erfolgen und

Misserfolgen gemacht hat, eine bestimmte Richtung herausfiltern können, dann werden Sie erkennen, um welchen Motivationstyp es sich handelt. Sollte das nicht möglich sein, weil Ihr Kind Begründungen aller Art verwendet, dann können Sie ihm zumindest in einigen Fällen aufzeigen, wie erfolgreich doch seine Anstrengungen waren; daran lässt sich die Erfolgszuversicht aufrichten, die Ihr Kind offenbar nicht immer aufzubringen vermag.

Förderung von Selbstbewusstsein und Motivation

Das positive Selbstkonzept hat seine Wurzeln in der frühesten und frühen Kindheit; eventuelle Versäumnisse lassen sich also nicht so leicht nachholen. Und doch werden manchmal sogar dramatische Umschwünge zum Positiven wie zum Negativen beobachtet. Vielleicht haben Sie etwas Ähnliches auch schon an sich selbst erlebt.

- *Zum Beispiel Kerstin: Sie glaubte so lange, was sie immer wieder von Eltern, Verwandten und Lehrern gehört hatte, nämlich dass sie als Mädchen unbegabt für Mathe wäre, bis sie im siebten Schuljahr eine neue Mathematiklehrerin bekam. Die war so «wahnsinnig toll», dass es nur zwei Klassenarbeiten dauerte, bis Kerstin selber glaubte, dass sie doch Mathe kann.*

- *Zum Beispiel Sven: Er war immer sehr selbstbewusst gewesen. In der Grundschule war er aktiv, brachte sehr gute Schulleistungen und machte seine Hausaufgaben selbständig. Am Gymnasium jedoch bekam er einen Klassenlehrer, mit dem die Chemie nicht stimmte. Er stellte ihn vor der Klasse bloß und verunsicherte ihn mit zynischen Bemerkungen («Aha, Mister Vorlaut!» – «Sag mal, glaubst du, du hast den IQ alleine gepachtet?»). Sven wurde immer stiller, verlor jede Freude an schulischen Inhalten, entwickelte*

psychosomatische Symptome und
brauchte eine Therapie. Nach
einem Schulwechsel ging es ihm
besser, aber seine Unsicherheit
blieb ihm.

● *Zum Beispiel Orhan: Seine Mutter*
äußerte sich überzeugt, dass das
Sprachhandicap es ihm unmöglich
machen würde, ein guter Schüler
zu werden («Meine Kind nix gut,
nix sprechen Deutsch.»). Doch die
Grundschule arbeitete vorbildlich.
Mit Lesekiste, Autorenlesungen,
Büchereibesuchen und Lesenäch-
ten weckte sie bei Orhan, der sich
zu Anfang noch verweigert hatte,
bald so viel Spaß an der deutschen
Sprache, dass er einen unbändi-
gen Willen entwickelte, sie zu
nutzen und zu beherrschen. Heute
arbeitet er als Rundfunkjournalist.

An solchen Beispielen wird deutlich,
dass das Selbstbild eines Menschen
auch in der Jugend oder sogar im
Erwachsenenalter noch veränderlich
ist, wenn massive Einflüsse auftreten: Eine intensive menschliche
Begegnung, eine Liebe oder hochgra-
dig attraktiv aufbereitete Inhalte
können vorherrschende Überzeugun-
gen kippen, Interessen wecken,
Selbstvertrauen herstellen – oder
zerstören.

Die Schule schreibt
am Lebenslauf
junger Menschen mit.

(Aus einem Faltblatt der
«Aktion Humane Schule»)

Aber starke Eltern tun das Ihre zur
Stärkung von Selbstbewusstsein und
Motivation ihres Schulkindes. Dafür
gibt es eine Menge Möglichkeiten.

Tipps zur Förderung der Leistungsmotivation

- Loben Sie viel! Ein misserfolgsängstliches Kind kann man nicht zu viel loben.
- Wenn ein Kind in einem Stoffgebiet unsicher ist, braucht es Bestätigung am laufenden Band. Mit «ja», «richtig», «okay, weiter», «gut» oder auch nur mit einem Nicken kann jedes geschriebene Wort, jeder einzelne Rechenschritt bestätigt werden.
- Loben Sie in erster Linie die Anstrengung, nicht das Ergebnis! Misserfolgsängstliche Kinder erzielen meistens schlechtere Resultate als andere. Erfolge kommen aber durch Anstrengung, also muss diese durch Lob verstärkt werden.
- Loben Sie richtige Ergebnisse mit dem Hinweis auf die aufgewendete Mühe: «Prima, du hast alle Aufgaben richtig, weil du dich gut konzentriert hast!» – «Sehr schön geschrieben! Da hast du dir richtig Mühe gegeben!»
- Geben Sie Ihrem Kind Gelegenheit, selbständig Erfolge zu erzielen. Wenn es von der Schule nach Hause kommt und sagt: «Mama, du hast eine Zwei im Hausaufsatz gekriegt», dann kann es nicht stolz auf seine Leistung sein.
- Bauen Sie Ihre Beteiligung an Hausaufgaben- und Lernsituationen ab, indem Sie anschließend die Selbständigkeit loben und gegebenenfalls mit einem gemeinsamen Spiel belohnen.
- Reden Sie in der Familie viel miteinander. Leben Sie Ihrem Kind vor, dass Sie selbst die Verantwortung für Ihre Erfolge wie Misserfolge übernehmen: «Ein Bußgeldbescheid – ich sollte die Geschwindigkeitsbegrenzungen doch besser beachten!» – «Mein Sportabzeichen – dafür habe ich aber auch lange genug trainiert, und die Anstrengung hat sich gelohnt!»

Ältere Schüler wollen sich natürlich allmählich von ihren Eltern ablösen und wehren sich gegen Aufsicht und Kontrolle bei den Hausaufgaben. Die obigen Tipps helfen dann nicht mehr weiter. Aber gerade die pubertäre Null-Bock-Haltung erfordert starke Eltern, die sensibel die Entwicklung ihres Kindes in Richtung auf Eigenverantwortlichkeit zu begleiten vermögen.

MOTIVATION

Jugendliche wollen über sich selbst bestimmen, und das ist gut so. Jetzt ist die Zeit reif dafür, es zu lernen. Elterlicher Druck kann da leicht genau das Gegenteil des Beabsichtigten bewirken. Aber Sie können zuhören und Ihrem Jugendlichen so die Gele-

genheit geben, seine Eindrücke und Gefühle zu verarbeiten. Sie können von Ihrer Jugend und Ihren Konflikten erzählen, was Sie als Fünfzehnjährige für «spießig» hielten, aber heute bejahen, wie Sie sich über Ihre eventuelle Faulheit später mal ärgerten, wie stolz Sie auf schulische oder Ausbildungserfolge waren.

Es ist auch in Ordnung, bei Bedarf Grenzen zu setzen, etwas zu verfügen, Konsequenzen zu vereinbaren. Wichtig ist, nicht die Integrität und Würde des Jugendlichen zu verletzen – eine anspruchsvolle Aufgabe! Aber bleiben Sie gelassen dabei. Wenn ein Rezept für die erfolgreiche Erziehung in der Pubertät möglich wäre, hätte es bereits jemand patentieren lassen. Nehmen Sie sich eine hilfreiche Empfehlung aus «Pubertät: Die eigene Kraft entdecken» zu Herzen:

«*Aber wenn von Eltern* eines *verlangt werden muss, so ist das:* keine Perfektion. *Eltern, die einmal alle ‹Gelassenheit› vergessen und aus-* *rasten, sind* menschliche *Eltern. Das wollen auch die Jugendlichen so»* (Friebel / Kunz 2001, S. 134).

Kinder gegen Gewalt stärken

Karsten ist acht Jahre alt und besucht die Grundschule in seinem Dorf. Oft provoziert er seine Mitschüler mit Angeberei und Frechheiten, sodass sie ihm gelegentlich nach Unterrichtsschluss hinterher rennen, um ihn zu verprügeln. Karsten hat dann große Angst, dass sie ihn erwischen könnten. Deshalb bemüht er sich um einen kleinen Vorsprung, um rechtzeitig in Sichtweite des Elternhauses zu gelangen. Laut ruft er nach seiner Mutti, und wenn sie auf dem Balkon erscheint, trauen sich die anderen nicht mehr an ihn heran. Dann fühlt Karsten sich wieder sicher und dreht seinen Verfolgern eine lange Nase. «Na warte, wenn wir dich erwischen!», rufen sie ihm hinterher …

Karsten hat Angst vor seinen Verfolgern. Aber er provoziert sie auch gerne, und mit seiner Mutter im Hintergrund traut er sich allerhand. Doch was ist, wenn die mal nicht zu Hause ist?

Furchtlosigkeit, die ihren Grund im Schutz durch eine andere Macht hat, ist keine persönliche Stärke. Karsten wird lernen müssen, welches Risiko er eingehen kann, wenn er für sich selber verantwortlich ist; vielleicht dann, wenn er auf eine weiterführende Schule in der Stadt wechselt.

Kinder brauchen Schutz, wenn sie klein sind, denn dann sind sie abhängig von uns Eltern. Aber wir müssen ihnen ermöglichen, in die Eigenverantwortlichkeit hineinzuwachsen. Die Grundhaltung, die Sie als starke Eltern dafür brauchen, ist, Ihrem Kind Erfahrungen zuzugestehen und es die Konsequenzen seines Verhaltens tragen zu lassen.

Im Unterschied zu dem kleinen Provokateur Karsten gibt es auch Kinder, die ohne eigenes Zutun ganz reale Gewalt auf dem Schulweg erleben: Verhöhnung, Mobbing, Erpressung, Bedrohung, Sachbeschädigung oder gar Schläge. Es ist für uns als Eltern nicht immer leicht zu erkennen, ob es sich um Gewaltformen handelt, die noch dem «normalen» Spektrum kindlicher oder jugendlicher Verhaltensweisen entsprechen, oder ob Gefahr für Leib und Seele besteht und damit die Notwendigkeit, helfend und schützend einzugreifen.

Sabrina scheint vor irgendetwas Angst zu haben, das kann man spüren. Sie ist nervös und unkonzentriert geworden, schläft schlecht ein und spielt kaum noch draußen. Außerdem reagiert sie zunehmend schreckhaft, z. B. wenn die Mutter ins Zimmer kommt, um nach ihren Hausaufgaben zu schauen. Die Eltern sind ratlos und werden allmählich ernsthaft besorgt, denn Sabrina isst auch weniger und sieht reichlich blass aus. Wenn sie sie fragen, was denn mit ihr los sei, schaut das Mädchen nur stumm zu Boden und zuckt mit den Schultern. Frau P. kommt eines Tages per Zufall dahinter, als sie beobachtet, wie ihre Tochter heimlich Geld aus dem Einkaufsgeldbeutel nimmt. Sie spricht sie darauf an und erfährt schließlich mit geduldigem Zuhören und vorsichtigem Nachfragen, dass zwei größere Jungs, wahrscheinlich

aus einer dritten oder vierten Klasse, Sabrina regelmäßig auf dem Schulweg auflauern und Geld von ihr erpressen. Sie würden ihr damit drohen, ihre Jacke mit einem Taschenmesser zu zerschneiden, wenn sie nichts mitbrächte, und hätten sie auch schon heftigst an den Haaren gezogen. Wenn sie sie verraten würde, hatten die Jungs gesagt, würden sie ihr mit dem Taschenmesser in die Hand stechen. «Bitte, bitte», fleht Sabrina, «du darfst nichts machen, sonst tun sie mir was!»

Handeln sollten Sabrinas Eltern unbedingt, aber mit Bedacht, denn niemand kann vorher wissen, wie sich die Situation aufgrund einer Einmischung entwickeln wird. *Der erste Schritt* ist natürlich, das Kind zu schützen. Wenn die Situation so gefährlich scheint, wie Sabrinas Erzählung nahe legt, dann muss man eine Regelung finden, die sie entschärft. Vielleicht ist es sinnvoll, das Kind eine Zeit lang zu begleiten oder zu chauffieren; bei manchen Schulwegkonflikten, z. B. bei ständigen Hänseleien, kann das jedoch das Gegenteil des Beabsichtigten provozieren, weil das gehänselte Kind dann erst recht als Schwächling dasteht.

Vielleicht können Sabrinas Eltern ja auch deren Schulweg in einer Sicherheit gebenden Gruppe organisieren. Gerade kleinere Kinder haben ohnehin häufig noch Angst, wenn sie alleine zur Schule und wieder heimgehen müssen, vor allem im Dunkeln.

Der zweite Schritt besteht darin, die furchterregende Situation zu bewältigen. Entweder man versucht, die bedrohenden Kinder zur Rede zu stellen und ihnen freundlich, aber bestimmt zu verdeutlichen, dass sie ihr Verhalten ab sofort zu ändern haben, oder man kann sich um ein Gespräch mit ihren Eltern bemühen. Für beide Vorgehensweisen gibt es positive wie negative Erfahrungen. Manche Kinder können überzeugt oder abgeschreckt werden, um von ihren Handlungen abzulassen, bei anderen wiederum wirkt das nicht. Manche Eltern fallen aus allen Wolken, wenn man sie über die Missetaten ihrer Sprösslinge informiert, und sind dankbar dafür. Andere wiederum sind nicht zugänglich und streiten schlicht ab, dass ihr Kind so etwas tun könnte.

Wenn man mit dieser Art der Konfliktregelung in Eigenregie nicht erfolgreich ist, bleibt als *dritter Schritt* nur die Chance, sich der Unterstützung anderer Kräfte zu bedienen. Die Schule sollte auf jeden Fall informiert werden, auch wenn sie – gerade bei Schulwegproblemen – selber machtlos ist. Es ist aber wichtig, dass Schulleitung und Lehrer Informationen über bestimmte

Brennpunkte von Schülergewalt und die beteiligten Kinder oder Jugendlichen sammeln können, damit sie eine Handhabe zum Eingreifen bei passender Gelegenheit bekommen.

In manchen Gemeinden gibt es möglicherweise einen Sozialarbeiter oder Streetworker, der in der Regel seine Pappenheimer kennt. Dessen Einschaltung wirkt auf die «Täter» wesentlich weniger bedrohlich und mindert damit die Gefahr, dass ausgesprochene Drohungen gegenüber den Opfern realisiert werden. Bei massiven Bedrohungen sollte man sich jedoch nicht scheuen, die Polizei einzuschalten, denn es gibt keine Alternative dazu, wenn man Gewalttäter wirksam abwehren will. In der Realität geschieht es wesentlich seltener als befürchtet, dass Drohungen wie die von Sabrinas Erpressern wahr gemacht werden, auch wenn ein kleines Risiko bleibt.

Als starke Eltern können Sie Ihren Kindern vorleben, wie man sich couragiert und mit Überlegung in solchen furchterregenden Situationen verhält; so erleben die Kinder, wie man sich mit legitimen Mitteln wirksam wehrt.

Sie können Ihre Kinder aber allein dadurch schon unterstützen, dass Sie ihnen als starke Gesprächspartner helfen, eigene Wege zum Umgang mit Bedrohungen zu finden:

- «Die Beleidigung hat dich bestimmt maßlos geärgert, oder?»

- «Da hast du sicher Angst gehabt.»

- «Deine Jacke solltest du hergeben? Da warst du bestimmt empört und hast gleichzeitig nicht gewusst, ob du das tun sollst oder nicht.»

- «Wenn dir diese Jungs öfter auflauern, dann überlegst du wohl, wie du ihnen am besten entgehen kannst.»

- «Hast du denn schon eine Idee, was du jetzt unternehmen willst?»

Wer auf diese Weise «aktiv zuhört» (vgl. Gordon 1989), lässt seinem Kind Raum für das Verarbeiten seiner Erfahrungen und für das Entwickeln eigener Lösungsideen. Wenn es seine Konflikte derart eigenständig bewältigen kann, wächst es an ihnen und gewinnt Persönlichkeitsstärke.

Ängste in der Schule

Schulangst ist erstaunlicherweise weder in der wissenschaftlichen noch in der populären Ratgeberliteratur der Gegenwart ein bedeutendes Thema. Es gibt nur wenige aktuelle Veröffentlichungen dazu (Niederle 2002; Oelsner / Lehmkuhl 2002), und noch weniger liest man über den Aspekt der Leistungs- und Prüfungsangst. Dabei haben Untersuchungen aus den 70er Jahren gezeigt, dass nur halb so viele Waldorfschüler unter Schulangst leiden wie Gymnasiasten

und dass die Intensität der Schulangst bei Schülern an Integrierten Gesamtschulen am niedrigsten ist. Solche Gesichtspunkte haben jedoch bei der Schulentwicklung in Deutschland nie eine Rolle gespielt, sondern im Gegenteil: Der Leistungs- und Auslesedruck ist während der etzten Jahrzehnte eher noch gewachsen.

Jetzt lassen die PISA-Ergebnisse erkennen, dass Lernen wie in Schweden, Kanada oder Finnland, nämlich

FORMEN VON ÄNGSTEN IN DER SCHULE

- Schullaufbahnangst (vor schlechten Zensuren, Sitzenbleiben und Schulversagen)
- Lern- und Leistungsangst
- Stigmatisierungsangst (vor Bloßstellen, Lächerlichmachen oder Prestigeverlust)
- Trennungsangst
- Strafangst
- Personenangst, manchmal auch als soziale Angst bezeichnet (vor dem Rektor, vor Lehrkräften oder Mitschülern)
- Konfliktangst
- Institutionsangst (vor den hierarchischen Herrschaftsstrukturen, der Größe, Komplexität, Unüberschaubarkeit der Schule)
- neurotische Angst (= Angst vor der Angst)

weitgehend selbstbestimmt und ohne Ziffernnoten, zu besseren Erfolgen führt. «Angst macht dumm», sagt der Volksmund, und in der Tat blockieren übermäßige Ängste das Denken.

Völlig angstfreie Schule allerdings ist nicht möglich, weil auch das Leben nicht angstfrei sein kann.

Angst ist
eine Farbe unseres Lebens.

(Horst-Eberhard Richter)

Aber unnötige Ängste sollten nach Möglichkeit aus unseren Schulen verbannt werden. Starke Eltern vermeiden es ohnehin, ihr Kind einem unangemessenen Leistungs- und Erwartungsdruck auszusetzen. Darum werden Sie sich auch in der Schule für ein entspanntes Lernklima einsetzen, das ein hohes Leistungsniveau vermittels geeigneter Anregungen und eines individualisierten Förderprogramms ermöglicht.

Auch an Elternabenden und bei anderen Gelegenheiten sollte Schulangst zum Thema gemacht werden. Zahlreiche Fragen verdienten es, von Eltern und Lehrkräften gemeinsam geklärt zu werden:

- Wie lässt sich die Angst vor Klassenarbeiten oder vor dem mündlichen Abfragen verringern?

- Wie können Lehrer und Eltern gemeinsam vorbeugen, damit Zeugnisängste nicht zu Panikhandlungen führen?

- Was lässt sich dagegen tun, dass Mitschüler ausgelacht werden, die eine falsche Antwort geben?

- Und nicht zu vergessen: Wie lässt sich die Angst überwinden, «Streber» genannt zu werden?

«GUTE SCHÜLER FÜRCHTEN DEN STREBERVORWURF IHRER MITSCHÜLER»

Chemnitzer Studie zeigt: Vor allem Mädchen vermeiden gute Leistungen in der Schule

« Es ist die Angst, von der Klasse als Streber diffamiert zu werden, die besonders in Deutschland dazu führt, dass gute Schüler und insbesondere leistungsstarke Mädchen nicht ihr vorhandenes Leistungspotenzial ausschöpfen und auf Dauer leistungsschwächer werden ... Denn anders als in Nordamerika, wo gute Schulleistungen die Anerkennung in der Klasse erhöhten, würden gute Schulleistungen in deutschen Klassen eher vermieden, um die Anerkennung der Klasse zu erhalten, ...

Besonders die leistungsstarken Mädchen leiden unter diesem Strebervorwurf, obwohl sich die Noten im Matheunterricht zwischen Jungen und Mädchen objektiv kaum unterscheiden. Doch dieser erste Eindruck täuscht, zeigt die Chemnitzer Untersuchung: ‹Berücksichtigt man statistisch, dass bei Mädchen ein stärkerer Zusammenhang zwischen der Angst vor dem Strebervorwurf und der Mathematiknote besteht und korrigiert die Notenunterschiede um diesen Effekt, so zeigt sich, dass Mädchen nach dieser Korrektur bereits schwach signifikant bessere Mathematiknoten als Jungen haben. Würden Mädchen zudem mehr Vertrauen in die eigenen Mathematikleistungen haben, hätten sie hoch signifikant bessere Mathematiknoten als Jungen›, schlussfolgern die Wissenschaftler. Auf den Punkt gebracht heißt das: Mädchen könnten im Matheunterricht viel besser sein als Jungen, aber sie haben zu wenig Selbstvertrauen und fürchten sich stärker davor, als Streber zu gelten. Bei den Jungen spiegelt sich das objektive Leistungsvermögen dagegen viel eher in der tatsächlich erreichten Note wider – Streberangst ist dabei nicht so ausgeprägt. »

(Aus der Pressemitteilung der TU Chemnitz v. 3. Januar 2002 – www.tu-chemnitz.de/tu/presse/2002/01.03–11.21.html)

Selbstbewusstsein, Motivatio

Starke und selbstbewusste Schüler
können sowohl ihre eigenen
Schwächen akzeptieren als auch zu
ihren Stärken stehen. Damit fällt es
ihnen leichter als anderen, sich in der
Schule auf erfolgreiches Lernen zu
konzentrieren, denn:

Selbstwertgefühl und Ausgeglichenheit
schützen davor,
Opfer und/oder Täter zu werden.

(Reinhard Semmerling)

Kapitel 5 | *Reizthema Hausaufgaben*

Erfolge ohne Misserfolge

und Leistung ohne Fehler,

das ist wie Tage ohne Nächte

und Berge ohne Täler!

(Vera F. Birkenbihl)

«Die Hausaufgaben führen bei uns regelmäßig zu Hausfriedensbruch», erzählt Frau Reuter im Beratungsgespräch. «Erst mal will Roger überhaupt nicht anfangen. Wenn ich ihn dann nach viel Gemeckere am Tisch habe, muss er erst noch Stifte spitzen, den Hamster füttern, einen Freund anrufen, und ich weiß nicht, was noch. Er bräuchte für seine Hausaufgaben höchstens eine halbe Stunde, wenn er sich ranhalten würde. Wenn ich ihn nicht zum Arbeiten zwingen würde, dann würde er auch nichts tun, davon bin ich überzeugt. Aber ich hätte dann ständig den Ärger mit der Lehrerin am Hals, die mir immer wieder Nachrichten zukommen lässt, dass seine Hausaufgaben nicht vollständig sind. Die Hausaufgaben rauben mir noch den letzten Nerv.»

Hausaufgaben spielen in den meisten Staaten Europas eine wesentlich geringere Rolle als bei uns, weil wir im Unterschied zu unseren Nachbarn in der Regel nur Halbtagsschulen haben. In Ganztagsschulen ist jedoch nicht nur die Betreuung der Kinder bis in den Nachmittag hinein gewährleistet, sondern zumeist auch das notwendige Üben in den Unterricht integriert. Eltern müssen dort viel weniger als in Deutschland unter einem schlechten Gewissen leiden, wenn es in der Schule nicht gut klappt.

Als in der zweiten Hälfte des 19. Jahrhunderts die Industrialisierung riesige Fortschritte machte und die Wirtschaft dringend qualifizierte Arbeitskräfte für den wachsenden Handel und die Verwaltung benötigte, wuchsen die Chancen der Schüler, sich durch gute Leistungen in der Schule eine gute Berufs- und damit Lebensperspektive zu schaffen. Während zuvor die soziale Stellung der Eltern für die spätere berufliche Position ausschlaggebend gewesen war, wurde jetzt Leistung zum entscheidenden Kriterium. Mit der wachsenden Bedeutung von Schulleistungen wuchs auch die Bedeutung von Hausaufgaben. Wer vorankommen und vielleicht gar den Sprung auf eine höhere Schule schaffen wollte, der musste zu Hause sehr fleißig arbeiten. Fleiß schadet nach wie vor nicht, aber heute weiß man doch sehr viel mehr darüber, auf welche Weise das häusliche Lernen wirklich nützt. Das frühere «Pauken» ist jedenfalls sehr ineffektiv und hat zusätzlich noch schädliche Nebenwirkungen.

Wie sind Hausaufgaben sinnvoll?

Die meisten «Hausis» bestehen auch heute noch aus reinen Übungsaufgaben, vor allem für die Hauptfächer Mathematik, Deutsch und später Fremdsprachen. Zahllose Untersuchungen belegen jedoch, dass Übungshausaufgaben keinerlei positiven Effekt haben. Eine interessante Studie, die seinerzeit viel Wirbel verursacht hatte und die durch viele nachfolgende Untersuchungen bestätigt wird, zeigt das:

«Wittmann hatte sechs dritte Klassen und sechs siebte Klassen für sein Experiment ausgewählt. Er hatte die dritten und siebten Klassen in je zwei Gruppen eingeteilt: Die eine Gruppe bekam Hausaufgaben im Rechnen, aber keine Hausaufgaben im Rechtschreiben. Bei der anderen Gruppe machte er es umgekehrt. Bei Beginn des Experiments wurden die Klassen in ihren Rechtschreib- und Rechenkenntnissen durch Tests verglichen, nach Ablauf der viermonatigen Testperiode wieder. Wenn Hausaufgaben das Lernen begünstigten, hätte Folgendes der Fall sein müssen:

- *Die drei Klassen, in denen es Rechenhausaufgaben gab, hätten bei Abschluss des Experiments ihre Rechenleistungen im Vergleich zu den anderen drei Klassen verbessert haben müssen;*
- *die drei Klassen, die während der Untersuchungszeit Hausaufgaben zur Förderung ihrer Rechtschreibleistungen aufbekamen, hätten entsprechend hier einen Vorsprung aufweisen müssen»* (Speichert, S. 84).

Tatsächlich aber ergaben sich nach Ablauf der vier Monate keinerlei Leistungsunterschiede zwischen den Gruppen. Weder die Dritt- noch die Siebtklässler hatten durch ihre Hausaufgaben gegenüber ihren Mitschülern einen größeren Lernzuwachs erzielt. Dafür gibt es auch plausible und *«psycho-logische»* Erklärungen:

- Wer seinen *Lernstoff verstanden* hat, braucht keine Übung zum Verständnis mehr, sondern bestenfalls zur Steigerung der Geläufigkeit.

- Wer den *Lernstoff noch nicht verstanden* hat, kann ihn auch durch Üben nicht verstehen, denn üben kann ich nur, was ich im Prinzip beherrsche. Was nicht verstanden wurde, muss erst *ge*klärt und dann eventuell noch einmal oder vielleicht auch anders *er*klärt werden. Ohne vorausgehendes Verständnis ist das Üben sinnlos.

- Wenn ein Schüler mit dem gelernten Stoff *nicht ganz sicher* ist, mal richtige und mal falsche Lösungen produziert, dann verstärkt das Üben seine Unsicherheit noch. Da nicht klar ist, warum dieses Resultat stimmt und jenes nicht, wird Unsicherheit gefestigt anstatt Geläufigkeit produziert.

Übungs-Hausaufgaben haben also einen sehr eingeschränkten Nutzen und machen nur unter zwei Bedingungen Sinn:

a) Die Anstrengungsbereitschaft muss geweckt sein. Man kann sie nur dann erwarten, wenn die Aufgaben von den Schülern als sinnvoll akzeptiert und emotional bejaht werden.

b) Positive Übungseffekte ergeben sich besonders dann, wenn der Lernerfolg möglichst unmittelbar, am besten in Form einer Selbstkontrolle während des Lernens, zurückgemeldet wird.

Aus diesen beiden Bedingungen ergeben sich Konsequenzen für das Erteilen von Übungs-Hausaufgaben:

- Die Lehrerin muss die Aufgaben ohne Zeitdruck stellen und erklären können. Wenn die Schüler sie in der Schule schon beginnen dürfen, merken sie rechtzeitig, was sie noch nicht verstanden haben. Andernfalls ist weder «emotionale Bejahung» zu erwarten noch selbständiges Arbeiten.

- Übungs-Hausaufgaben sollten klare Zeit- oder Zielvorgaben beinhalten, damit die Schüler zumindest das Erreichen des quantitativen Ziels selber kontrollieren können, was für ihre Motivation förderlich ist. Wenn die Geläufigkeit beim Rechnen gesteigert werden soll, kann beispielsweise eine Zeitvorgabe dieses Ziel darstellen: *«Versuche einmal, diese zehn Aufgaben in fünf Minuten zu schaffen!»* Oder: *«Beende nach zehn Minuten deine Übung. Wie viele Aufgaben hast du geschafft?»*

- Die möglichst rasche Rückmeldung über die Qualität der Aufgaben gibt den übenden Schülern schneller Sicherheit in der geläufigen Beherrschung des Stoffs. Daher sollte grundsätzlich zumindest in der nächsten Unterrichtsstunde eine Ergebniskontrolle stattfinden. Wo das nicht passiert, werden die Kinder geradezu zum Schummeln animiert. Außerdem führt die fehlende Würdigung ihrer Anstrengungen durch die Lehrerin zu einer negativen Einstellung ihr und der Schule gegenüber: *«Der ist es doch egal, ob wir was lernen oder nicht.»*

- Noch besser als die Ergebniskontrolle am nächsten Tag ist die Selbstkontrolle während der Hausaufgaben, etwa über ein Lösungsblatt, ein Rätselwort oder ein graphisches Muster, das sich beim Bearbeiten des Arbeitsblattes ergibt.

- Sinnvoller als ein abzuarbeitendes Pensum, als Arbeitsblätter und Rechenpäckchen sind kreative Aufgabenstellungen mit praktischem Anteil: z. B. im Supermarkt nach Dreierpacks, Sixpacks, Getränkekisten usw. suchen und daraus Einmaleinsaufgaben ableiten oder Übungen für die Mitschüler ausdenken und aufschreiben, natürlich mit Lösungsblatt.

- Besonders wertvoll sind Hausaufgaben, wenn sie mit Forschen, Recherchieren und Experimentieren zu tun haben. Ihr Aufforderungscharakter ist sehr stark, und an ihnen lernen Schüler nicht nur Wissen, sondern auch, wie man sich Wissen erwirbt: Sie stärken die «Lernkompetenz», eine wichtige Schlüsselqualifikation (vgl. S. 34 ff.).

Starke Eltern müssen sich also nicht sorgen, dass nachlässig gefertigte Hausarbeiten ihres Kindes seinem Lernerfolg schaden könnten. Im Gegenteil: Das «innere Aussteigen» ist ein sinnvoller Mechanismus, der den Organismus vor ungesunden Belastungen schützt. Wo das zu beobachten ist, sollten Eltern sich dafür stark machen, dass die Hausaufgaben auf ihre Sinnhaftigkeit hin überprüft werden. *«Sinn, Ausmaß und Verteilung von Hausaufgaben sollen mit den Schülerinnen und Schülern und in den Klassenpflegschaftsversammlungen sowie in Einzelberatungen mit Eltern erörtert werden»,* heißt es zum Beispiel im entsprechenden Erlass für Nordrhein-Westfalen (BASS 12 – 31 Nr. 1, S. 12 / 23). Auch in den meisten anderen Bundesländern ist die Hausaufgabenpraxis als Thema für die schulischen Gremien vorgesehen – starke Eltern nutzen diese Chance.

Elternhilfe bei den Hausaufgaben ist problematisch

Die Mithilfe von Eltern bei den Hausaufgaben ist durchaus nicht immer sinnvoll, meistens sogar ein Problem. Auch deswegen sollen die Hausaufgaben selbständig gelöst werden können. Die Vorschriften dazu sind eindeutig; in Nordrhein-Westfalen zum Beispiel heißt es:

RECHTLICHE GRUNDSÄTZE (ERLASS)

«2.   Hausaufgaben werden nach folgenden Grundsätzen erteilt:

2.1   Alle Hausaufgaben müssen aus dem Unterricht erwachsen und wieder zu ihm zurückführen. Hausaufgaben, die diese Bedingungen nicht erfüllen, sind unzulässig.

2.2.1 Hausaufgaben müssen in ihrem Schwierigkeitsgrad und Umfang die Leistungsfähigkeit der Schülerinnen und Schüler berücksichtigen und von diesen selbständig, d.h. ohne fremde Hilfe, in angemessener Zeit gelöst werden können.

2.2.2 Damit die selbständige Lösung von Hausaufgaben möglich ist, müssen diese eindeutig und klar, ggf. schriftlich formuliert werden; die Schülerinnen und Schüler müssen entsprechend der jeweiligen Altersstufe Ratschläge für die Durchführung der Arbeit erhalten und mit den Arbeitstechniken sowie den zur Verfügung stehenden Hilfsmitteln vertraut gemacht werden.

2.3   Es empfiehlt sich, die gestellten Aufgaben nach der Leistungsfähigkeit, der Belastbarkeit und den Neigungen der Schülerinnen und Schüler zu differenzieren.»

(BASS 12–31 Nr. 1, S. 12/23)

Wenn Lehrkräfte diese Vorschriften nicht hinreichend beachten und dadurch die Mithilfe von Eltern provozieren, ergeben sich gravierende Probleme:

- Die Lehrkräfte können nicht erkennen, inwieweit ein Schüler wirklich in der Lage war, seine Aufgaben selber zu bewältigen. Das führt zu einer unrealistischen Einschätzung seiner Lernfortschritte (übrigens auch bei den Eltern: *«Zu Hause hat er doch alles gekonnt!»*) und behindert die richtige «Passung» des Anforderungsniveaus im Unterricht.

- Ein zweites Problem liegt in der Verschärfung sozialer Ungleichheiten zwischen den Schülern. PISA hat wieder gezeigt, dass Deutschland in dieser Hinsicht besonders schlecht abschneidet. Ein wichtiges Ziel unserer Gesellschaft ist die Verwirklichung von Chancengleichheit. Die «Klassenbesten» bei PISA führen uns eindrucksvoll vor, wie man das macht. Viele Eltern sind jedoch gar nicht in der Lage, selber bei den Hausaufgaben zu helfen. Zwar sitzen sie bei Grundschülern überwiegend dabei, doch fast zwei Drittel aller helfenden Eltern haben schon in den ersten vier Schuljahren Schwierigkeiten mit

dem Stoff – zumeist deswegen, weil heute vieles mit anderen Methoden vermittelt wird als früher. Wer es sich leisten kann, greift dann auf Nachhilfe zurück. Da kann von sozialer Chancengleichheit und Nutzung aller Begabungsreserven nicht mehr die Rede sein.

- Ein weiteres Problem elterlicher Hilfe ist die dadurch entstehende Verwirrung der Kinder. Wenn Sie Ihrem Kind etwas anders erklären als die Lehrerin, helfen Sie ihm damit nicht, sondern verunsichern es zusätzlich.

- Und schließlich verschlechtert sich in zahllosen Familien durch die Hausaufgabensituation das Eltern-Kind-Verhältnis, das bis zum Schuleintritt unbelastet war. Geht es Ihnen vielleicht auch so? Wenn Sie sich besonders intensiv um das häusliche Arbeiten Ihres Kindes kümmern, drängt sich der Schulleistungsaspekt derart in den Vordergrund, dass Sie das ganze Kind danach beurteilen. Solange die Schrift nicht schön und das Lesen nicht flüssig genug ist, übersehen Sie möglicherweise seine positiven Seiten: vielleicht seine Kreativität im Künstlerischen, seine Fähigkeit zum Trostspenden, seine Hilfsbereitschaft, seine Neugier, das sportliche Talent usw. Die Verengung der Wahrnehmungsperspektive von Eltern auf die Schulleistung ihres Kindes führt zu einer negativen Beeinflussung seines Selbstwertgefühls – zumindest dann, wenn die Schulleistung überwiegend kritisch gesehen wird. Das ständige Gefühl *«Ich bin nicht so (gut), wie ich sein sollte»* bewirkt Selbstzweifel, Motivationsverlust und Ängstlichkeit in Bezug auf Leistungssituationen. Damit führen starke «Hilfestellungen» bei den Hausaufgaben genau zum Gegenteil dessen, was Eltern erreichen wollen.

Fünf Schritte zu selbständigen Hausaufgaben

«Mama, hilfst du mir bitte? Ich kann das nicht!» Klingt so Ihr Alltag? Oder braucht Ihr Kind Sie gar nicht zu bitten, weil Sie ihm ohnehin ganz selbstverständlich helfen? Wie geht es Ihnen in dieser Rolle? Wäre es nicht erstrebenswert, Ihr Kind würde selbständig arbeiten und Sie hätten dadurch mehr Freiraum für sich?

«Ich kann mein Kind aber doch nicht im Stich lassen», sind viele Eltern überzeugt. Es ist jedoch gar nicht ausgemacht, ob Ihr Kind seine Aufgaben wirklich nicht versteht. Vielleicht möchte es sich das Leben dadurch leichter machen, dass es andere die anstrengende Denkarbeit tun lässt. Damit würde es nur einem

Vorbild aus der Erwachsenenwelt folgen, wo der viel gilt, der mit geringstmöglichem Aufwand den größtmöglichen Erfolg erzielt. Oder Ihr Kind glaubt wirklich, es könnte seine Aufgaben nicht, und versucht es darum gar nicht erst. Möglicherweise ist Ihr Kind aber auch so schnell in seiner Denkweise («kognitiv impulsiv»), dass es beim ersten Widerstand aufgibt, weil es Probleme nicht systematisch angehen kann. Oder es hat das Gefühl, Sie widmeten ihm nicht genügend Zeit und Zuwendung, und möchte sich die über die Hausaufgabensituation holen; besonders häufig ist diese «erlernte Hilflosigkeit» im Zusammenhang mit kleineren Geschwistern zu beobachten. Vereinbarte Zuwendung im Freizeitbereich (Spieleabend, Vorlesen, Radtour mit Papa ...) kann Abhilfe schaffen.

Manchen Eltern fällt es auch unbewusst schwer, Selbständigkeit zuzugestehen, weil sie ihren eigenen Selbstwert, ihren Lebenssinn aus der Fürsorge für das Kind schöpfen: *«Wenn ich mich nicht intensiv um mein Kind kümmern würde, wozu wäre ich denn dann gut?»,* fragte mich einmal eine Mutter in der Beratung. Für sie war es besonders wichtig, über Kontakte zu anderen Menschen, über Hobbys oder ehrenamtliche bzw. berufliche Tätigkeit eigenen Lebenssinn zu finden.

Wie aber reagiert man nun auf den Impuls: *«Ich kann das nicht?»* Fünf Schritte können Ihrem Kind zu mehr Selbständigkeit verhelfen:

1. SCHRITT:

Wenn es nicht reicht, die Ohren auf Durchzug zu stellen und die stereotype Bitte um Hilfe zu ignorieren, dann zeigen Sie sich zuversichtlich! Sagen Sie zum Beispiel: *«Oh, ich glaube doch, dass du das kannst. Ich trau dir das zu. Versuch's nur mal!»* Schließlich gibt es nur selten einen wirklich stichhaltigen Grund, warum ein normal begabtes Kind seine Hausaufgaben nicht lösen können sollte. Meistens klappt es, wenn die Bereitschaft vorhanden ist, sich anzustrengen, zu probieren, sich in die Arbeit zu «verbeißen».

2. SCHRITT:

Bleibt Ihr Kind hartnäckig bei seinem Hilfsbedürfnis, dann lassen Sie sich erst einmal die Aufgabenstellung erläutern. *«Was sollst du denn tun? Zeig mir mal die Aufgabe, erklär sie mir mal!»*

Oft hilft der Versuch, jemandem die Aufgabe zu erklären, weil man sie sich dabei ja auch selber erklärt. Häufig «fällt der Groschen» gerade dadurch. Bestätigen Sie dann ruhig: *«Siehst du, du kommst selber drauf. Ich wusste doch, dass du so clever bist.»* Wenn Ihr Kind dadurch stolz auf sich wird, stärkt das sein Selbstbewusstsein und damit auch die Leistungsmotivation.

3. SCHRITT:

Kommt Ihr Kind jedoch auch über das Erklären der Aufgabe nicht weiter, dann fragen Sie erst einmal nach, wie die Aufgaben in der Schule erklärt wurden: *«Was hat die Lehrerin denn gesagt? Was hat sie gezeigt, was hat sie an die Tafel geschrieben? Habt ihr Beispiele im Heft notiert?»*

Das Nachforschen im eigenen Gedächtnis sowie im Heft bietet möglicherweise Ansatzpunkte für die eigene Lösungsstrategie. Außerdem macht es deutlich, dass Aufmerksamkeit im Unterricht eine wichtige Grundhaltung für den Lernerfolg darstellt.

4. SCHRITT:

Wenn es auch jetzt noch nicht «geklickt» hat, können Sie Ihrem Kind anhand eines Beispiels eine Verstehenshilfe anbieten – wenn Sie dazu in der Lage sind, was durchaus nicht selbstverständlich ist.

Ein Problem gibt es dabei allerdings: Es könnte sein, dass Sie anders erklären als die Lehrerin in der Schule. Für im Stoff unsichere Kinder bedeutet das eine erhebliche Irritation. Deswegen sagen Sie das Ihrem Kind: *«Ich will dir mal ein Beispiel geben. Aber ich weiß nicht, ob ihr das auch so gelernt habt. Als ich in der Schule war, wurde es uns jedenfalls so erklärt; heute kann das vielleicht anders sein.»*

Mehr als *ein* Beispiel macht keinen Sinn. Es ist schließlich auch wichtig, dass die Lehrerin erfährt, wenn ihre Schüler Schwierigkeiten mit den Aufgaben hatten. Nur so kann sie ihren Unterricht der Klasse anpassen. Darum ist eine Notiz im Heft sinnvoll: *«Trotz Erklärungshilfen und eines Beispiels meinerseits konnte Corinna ihre Hausaufgaben nicht selbständig anfertigen. Ich bitte Sie, ihr die Aufgabenstellung nochmals zu erläutern.»*

5. SCHRITT:

Wenn die Probleme mit der Bewältigung der Hausaufgaben immer wieder oder gar schon regelmäßig auftreten, dann ist grundsätzliche Hilfe gefragt.

Vielleicht hilft im Anfangsstadium schon ein Buch wie «Wenn es mit dem Lernen nicht klappt» (Klein / Träbert

2001) weiter. Ansonsten benötigen Sie Unterstützung oder Beratung von Fachleuten, um die Problemursachen zu erkennen und zu verstehen. Die ersten Ansprechpartner sind die Lehrer Ihres Kindes. Vereinbaren Sie ein Beratungsgespräch, teilen Sie Ihre Beobachtungen mit und fragen Sie danach, ob sich das mit dem Lernverhalten im Unterricht deckt. Vielleicht müssen nur bestimmte, eng umgrenzte Stoffgebiete nachgearbeitet werden. Vielleicht sind die Lehrkräfte aber auch froh, eine Bestätigung für eigene Beobachtungen zu finden, und können mit Ihnen gemeinsam nach Lösungen suchen.

An manchen Schulen gibt es zudem Beratungslehrer, die durch eine Zusatzausbildung für die Beratung bei Lern- und Leistungsschwierigkeiten besonders qualifiziert sind.

Außerhalb der Schulen bietet der «Schulpsychologische Dienst» (in Baden-Württemberg: «Schulpsychologische Beratungsstelle») kostenfreie Beratung, Diagnostik und Hilfestellungen an.

Erziehungsberatungsstellen oder «Psychologische Beratungsstellen für Eltern, Kinder und Jugendliche» kennen sich ebenfalls gut mit Hausaufgaben- und Lernschwierigkeiten aus, weil etwa die Hälfte aller Anmeldungen dort wegen Schulproblemen erfolgt (s. Adressen im Anhang).

Auf dem «freien Markt» bieten Nachhilfeinstitute, Lerntherapeuten und psychologische Praxen ihre Dienste an, doch da muss man sich nach den Kosten und über die Qualität ihres Angebots sorgfältig informieren (vgl. Klein / Träbert 2001, S. 136 ff.).

Hilfestellung durch Zeitmessen

Wer hat eigentlich ein Problem mit den Hausaufgaben? Eher Sie? Oder eher Ihr Kind? Oder Sie beide?

Nur wenn ein Schüler sich selber darüber ärgert, dass seine «Hausis» so lange dauern, wird er etwas verändern wollen. Ich kenne aber nicht wenige, die mit sich und ihrer Situation ganz zufrieden sind, wenn sie vor sich hin trödeln. Das ist dann einfach ihre Art, die wir respektieren sollten, sofern es nicht gravierende Gegengründe gibt, die beispielsweise die

Gesundheit oder das Familienleben betreffen.

Der Langsamste,
der sein Ziel nicht aus den Augen verliert,
geht immer noch geschwinder als der,
der ohne Ziel herumirret.

(Gotthold Ephraim Lessing)

Ohne Leidensdruck gibt es auch keine Motivation für Veränderung. Der Satz *«Vor lauter Hausis komme ich nie zum Spielen»* macht jedoch deutlich, dass das betreffende Kind gerne schneller fertig würde.

Eine gute Möglichkeit, um zu einem zügigeren Arbeitsstil zu kommen, stellt das Schätzen und Messen der benötigten Zeit dar. Ihr Kind sollte zu Beginn seiner Hausaufgaben schätzen, wie lange es für jede der zu erledigenden Aufgaben benötigt, und die Minutenzahl am Rand seines Hausaufgabenheftes vermerken. Anschließend misst es mit Hilfe eines Küchenweckers oder seiner eigenen Uhr mit «Countdown-Funktion» die Arbeitszeit und notiert sie daneben. Das hat folgende Wirkungen:

● Das Schätzen und Zusammenrechnen des Zeitbedarfs vor den Hausaufgaben zeigt: Es wird nicht «ewig» dauern bis zum guten Schluss, sondern der Nachmittag hält noch Spielraum bereit.

● Ihr Kind fühlt sich angespornt, denn beim Wettkampf gegen die Uhr möchte es nicht gerne verlieren.

● Es entwickelt allmählich ein Gefühl für den Zeitbedarf beim Arbeiten, was beispielsweise für die Zeiteinteilung bei Klassenarbeiten sehr nützlich ist.

● Weil Schüler ihren Zeitbedarf eher über- als unterschätzen, wird Ihr Kind meistens schneller fertig sein als gedacht. Das empfindet es als Erfolgserlebnis, was seine Motivation stärkt.

Ich will allerdings nicht verhehlen, dass es einige Schüler gibt, die den Wettlauf gegen die Uhr als blockierenden Stress empfinden. Meiner Erfahrung nach betrifft das vielleicht jedes fünfte Kind. In diesem Fall sehen Sie bitte vom Zeitmessen ab. Das Schätzen kann dennoch hilfreich sein, um den «Riesenberg» von Hausaufgaben überschaubar zu machen und damit die Hemmschwelle zum Anfangen herunterzusetzen.

Die Hausaufgaben als Ritual

Das Anfangen fällt auch dann leichter, wenn es täglich zur gleichen Zeit geschieht oder zumindest nach einem festgelegten Wochenplan (vgl. Klein / Träbert 2001, S. 84 ff.). Ebenso gleichmäßig sollte der Ablauf der Hausaufgaben sein. An alles Regelmäßige gewöhnt man sich schnell und hält es dann besser durch. Wenn täglich alle Planungs- und Arbeitsschritte als Ritual in der gleichen Reihenfolge ablaufen, gewinnt Ihr Kind bald Routine und Souveränität in der Bewältigung seines Pensums. Das wichtigste Argument für Schüler ist und bleibt jedoch: Sie werden Freizeit gewinnen.

Gehen Sie selbst bei manchen Tätigkeiten wie in einem Ritual vor, ohne dass es Ihnen bewusst ist? Autopflege, Wohnung putzen oder manche berufliche Arbeit laufen bei vielen Leuten immer gleichförmig ab. Das Ritual spart Energie, denn Sie müssen weniger dabei nachdenken, und es spart Zeit durch Routine. Das können Sie Ihrem Kind als Beispiel vor Augen führen.

Die vier Stadien des Hausaufgabenrituals sind: Einstimmung, Planung, Abarbeiten des Plans und Arbeitsende.

1. EINSTIMMUNG

Erfahrene Lehrerinnen beginnen ihren Unterricht jeden Morgen auf die gleiche Art und Weise, vielleicht mit einem gemeinsamen Lied, mit dem Morgenkreis oder auch einer besonderen Begrüßungsformel. Dieser immer gleiche Anfang verankert im Bewusstsein der Schüler das Signal: *«Jetzt geht's los!»*

Es hilft Ihrem Kind, wenn es sich zu Hause gleichfalls ein Startsignal angewöhnt: ein Stück Entspannungsmusik zur Beruhigung oder ein bisschen Gymnastik zur Aktivierung, je nach Typ. Vielleicht nützt auch ein Aufmunterungsspruch, zum Beispiel:

«Jetzt geh ich an die Hausis ran, dann ist die Arbeit bald getan!»

Zur Einstimmung ist auch das Herrichten des Arbeitsplatzes zu rechnen. Wer an seinem Schreibtisch arbeitet, hat wahrscheinlich alles zur

Hand, was er braucht. Wer jedoch lieber in der Küche oder dem Wohnzimmer Hausaufgaben macht, muss alle Bücher, Hefte und Schreibsachen mitnehmen, damit er nicht ständig aufstehen und etwas holen muss. Eine Plastikkiste könnte alle Utensilien aufnehmen, die nicht in der Schultasche sind, und somit helfen, Ordnung zu halten.

2. PLANUNG

Anfangs ist es Kindern und Jugendlichen meistens lästig, ihr Arbeitspensum zu planen. Aber auch das spart nachweislich Zeit und bewahrt vor allem vor dem Vergessen von Aufgaben, was den Schulerfolg erheblich steigert.

Ab dem dritten Schuljahr ist ein Hausaufgabenheft sinnvoll, ab dem vierten halte ich es für unverzichtbar. Wer es führt, macht seine Eintragungen in der Schule, sodass es keinerlei Freizeit kostet. Die Planung besteht dann darin, vor dem Losarbeiten eine Reihenfolge festzulegen: Ihr Kind nummeriert einfach seine Aufgaben in der Reihenfolge, in der es sie erledigen möchte. Das bewahrt davor, nach jeder Aufgabe erneut entscheiden zu müssen, was als Nächstes gemacht wird. Einmal entscheiden statt mehrfach – das geht schneller!

Drei Dinge sind in diesem Zusammenhang wichtig:

Erstens verschafft das Schätzen der Arbeitszeit während des Planens gleich einen Überblick über die wahrscheinliche Gesamtarbeitszeit und ermöglicht es zudem, die notwendigen Pausen (vgl. S. 107 f.) vorzusehen.

Zweitens ist es meistens nicht sinnvoll, nach der alten Regel zu verfahren: *«Fang mit dem Schwierigsten an, dann hast du es am schnellsten hinter dir!»* Die Hemmschwelle für den Anfang sollte niedrig sein, darum beginnt Ihr Kind besser mit Aufgaben, die ihm liegen, und verbucht dabei schnell ein erstes Erfolgserlebnis. Schwierige Arbeiten sollten in die Mitte eingebettet, Wiederholungen und Routineaufgaben ans Ende gesetzt werden.

Und drittens dürfen bei der Arbeitsplanung die «heimlichen Hausaufgaben» nicht vergessen werden. Sie sind die eigentlichen Erfolgsgaranten. «Heimlich» sind solche Aufgaben, weil die Lehrer sie normalerweise nicht eigens aufgeben, aber doch erwarten, dass man sie erledigt: täglich zwei Minuten Vokabeln wiederholen, den Lernstoff in Sachfächern wie Erdkunde, Biologie oder Geschichte am Tag vor der nächsten Stunde nachlesen, die Vorbereitung auf die nächste angekündigte Klassenarbeit in kleinen täglichen Portionen erledigen. Die tägliche Wiederholung und das verteilte Lernen sind nachweislich erfolgreicher als massiertes Lernen; sie führen in insgesamt kürzerer Lernzeit zu besseren Resultaten.

Die gesamte Hausaufgabenplanung dauert höchstens zwei bis drei Minuten.

3. ABARBEITEN DES PLANS

Anschließend geht es ans Abarbeiten des Plans. Jeder Punkt wird gleich nach Erledigung abgehakt oder ausgestrichen, auch die Pausen. So wird das kontinuierliche Vorankommen deutlich.

Wenn sich Ihr Kind anfangs noch sehr schwer mit diesem Vorgehen tut, darf es sich in den ersten Tagen nach jeder erledigten Aufgabe selbst belohnen. Ob da Traubenzucker besser wirkt als Punkte, die am Ende gegen eine größere Belohnung eingetauscht werden können, das beraten Sie mit ihm gemeinsam. Allerdings sollten die Belohnungen bald wieder «ausgeschlichen» werden, indem man die Abstände zwischen ihnen allmählich vergrößert, denn der Erfolg des zügigeren und besseren Arbeitens wirkt selber als Verstärkung, sobald Ihr Kind ihn wahrnimmt.

SCHEMA DES HAUSAUFGABENRITUALS

1. EINSTIMMUNG
Entspannungsmusik oder
Gymnastik oder
ein Aufmunterungsspruch
und unbedingt das Herrichten des Arbeitsplatzes

2. PLANUNG
Hausaufgabenheft in der Schule führen
«Heimliche Hausaufgaben» nachtragen
Aufgabenreihenfolge nummerieren
Schätzzeiten notieren
Pausen vorsehen

3. ABARBEITEN DES PLANS
Erledigte Aufgaben und Pausen abhaken
Anfangs eventuell kleine Belohnungen

4. ARBEITSENDE
Schultasche packen
Belohnung, z. B. ein Spiel mit Mutti
Sich selbst feiern, z. B. mit Eigenlob

4. ARBEITSENDE

Das Ende des Rituals sollte nach dem Abarbeiten aller Aufgaben unbedingt mit dem Packen der Schultasche eingeläutet werden. Jetzt geht es am schnellsten, denn alle Arbeitsutensilien sind zur Hand. Jetzt geht es auch am besten, weil man fehlende Tintenpatronen oder Stifte eben beim Arbeiten entdeckt hat und gleich ersetzen kann. So vergisst Ihr Kind nichts mehr, und als starke Eltern würden Sie ihm ja auch nichts Vergessenes mehr hinterhertragen, weil es Eigenverantwortung entwickeln soll.

Wer gut gearbeitet hat, der hat eine Belohnung oder zumindest ein Lob verdient. Wenn es Ihr Anliegen ist, dass Ihr Kind seine Zuwendung außerhalb der Hausaufgaben von Ihnen bekommt, dann bietet es sich an, zur Belohnung hinterher ein Spiel mit ihm zu spielen. Der Zeitpunkt kommt früh genug, an dem Ihr Kind davon nichts mehr wissen will.

Mit Lob sollten Sie großzügig umgehen, aber auch bedenken, dass Ihr Kind unabhängiger von Fremdbestätigung werden soll. Entgegen der Meinung unserer eigenen Eltern und Großeltern «stinkt» Eigenlob wirklich nicht. An Sportlern können Sie beobachten, wie sie sich nach einem Tor oder nach der übersprungenen Latte selber feiern und damit weiter motivieren. Ihr Kind sollte sich zumindest laut vorsagen: *«Ich habe alles erledigt, was ich schaffen wollte. Jetzt bin ich gut vorbereitet.»* Vielleicht möchte es sich jetzt auch gerne abreagieren, gegen seinen Wutsack boxen und schreien: *«Geschafft, geschafft, geschafft!»* Grundschulkinder finden es vielleicht schöner, sich selbst ein Lachmännchen zu malen.

Wer sein Hausaufgabenritual mit einem Erfolgsgefühl beenden konnte, der wird es auch am nächsten Tag wieder motiviert anpacken.

Kapitel 6 | *So fördern starke Eltern die Konzentration*

Die Kunst des Ausruhens

ist Teil der

Kunst des Arbeitens.

(John Steinbeck)

Die Klagen über mangelnde Konzentrationsfähigkeit von Schulkindern haben zugenommen. Das erfahre ich sowohl in Beratungsgesprächen als auch bei Vortragsveranstaltungen oder Lehrerfortbildungen immer wieder. Eltern sagen beispielsweise über:

- ### ABLENKBARKEIT

  «Mein Kind lässt sich so schnell ablenken.»

  «Jeder kleine Impuls von außen bringt es aus dem Konzept.»

  «Es fällt ihm oft schwer, sich nur auf eine Sache einzulassen.»

  «Es spielt ständig mit Händen und Mund am Stift oder an anderen Gegenständen herum.»

  «Sogar von Arbeitsmaterialien lässt es sich häufig zum Spielen verführen.»

  «Es hat immer Ablenkungsmanöver auf Lager: Stifte spitzen, zur Toilette gehen, Wasser trinken, Clownerien u. a. m.»

  «Es zappelt und hampelt ständig herum.»

- ### MOTIVATION

  «Wenn ein Thema interessant ist, kann sich mein Kind viel besser konzentrieren.»

  «Es will nur fertig werden. Ob seine Aufgaben in Ordnung sind, ist ihm ganz egal.»

«Manchmal rechnet oder schreibt es einfach drauflos, ohne die Aufgaben richtig durchzulesen.»

«Ich muss es oft direkt ansprechen, damit es weiterarbeitet.»

«Ich habe ganz oft den Eindruck, als wolle es gar nichts leisten.»

- ### VERTRÄUMTHEIT

  «Manchmal schaltet mein Kind einfach ab.»

  «Es hängt Tagträumen nach.»

  «Manchmal schaut es mich sogar an, wenn ich etwas erkläre, und weiß anschließend doch nicht, was ich gesagt habe.»

  «Meine Worte kommen nicht an, sondern scheinen einfach an ihm vorbeizurauschen.»

  «Es erfasst gar nicht den Inhalt von dem, was ich ihm sage.»

- ### KONZENTRATIONSDAUER

  «Die Tagesform spielt eine große Rolle. Manchmal klappt es ganz gut mit der Konzentration.»

  «Oft kann sich mein Kind nur sehr kurz konzentrieren.»

  «Es fängt oft Spiele an, aber beendet sie dann nicht.»

  «Und das ewige Trödeln! Das dauert manchmal Stunden mit den Hausaufgaben …»

In diesen Aussagen zum Verhalten von Kindern sind sehr unterschiedliche Beobachtungen versammelt. Sie reichen vom Tagträumen bis zum Zappeln, von der Unfähigkeit zuzuhören bis zur Unfähigkeit zum ausdauernden Spiel, vom Trödeln bis zum vorschnellen, impulsiven Arbeiten ohne Bedacht. Meinen wir alle dasselbe, wenn wir von «Konzentrationsproblemen» sprechen?

Was ist Konzentration?

Der Konzentrationsfähigkeit liegt die Funktion der *Aufmerksamkeit* zugrunde.

Unwillkürliche Aufmerksamkeit passiert ohne den bewussten Willen, aufmerksam zu sein. Ein Sonnenuntergang am Meer (ein äußerer Reiz) zieht unsere Aufmerksamkeit ebenso automatisch an wie ein plötzliches Geräusch. Wenn wir hungrig einkaufen gehen (innerer physiologischer Reiz), neigen wir dazu, mehr in unseren Einkaufswagen zu packen als geplant; wenn ich mich für Sportwagen interessiere (innerer psychischer Reiz), sehe ich jeden Porsche oder Ferrari auf der Straße. Äußere und innere Reize lenken unsere Aufmerksamkeit im Sinne von «selektiver Wahrnehmung». Das funktioniert auch bei Tieren.

Die *willkürliche Aufmerksamkeit* hingegen bringt nur der Mensch auf. Wenn die Lehrerin die Klasse auffordert, nach vorne zu schauen und ihr zuzuhören, dann sind die Kinder aufgefordert, ihre Aufmerksamkeit entsprechend auszurichten, auch wenn draußen ein Hubschrauber fliegt, der Magen knurrt oder Sammelbildchen getauscht sein wollen. Wenn ich mir selber vornehme, jetzt meine Hausaufgaben zu machen oder die Vokabeln zu lernen, dann richte ich alle meine Sinne auf Heft und Bücher. Je länger die «Aufmerksamkeit auf Kommando» anhält, desto besser ist die Konzentration.

BEGRIFFSBESTIMMUNG «KONZENTRATION»

Konzentration besteht darin, dass die Aufmerksamkeit alles Wahrnehmen, alles Denken und Handeln auf jenen eng begrenzten Bereich hin bündelt, der momentan im Brennpunkt steht oder stehen soll. Dabei werden alle Störfaktoren aus unserem Innern oder ablenkende Reize von außen ausgeschaltet.

Wenn Schüler die von der Lehrerin vorgegebenen Ziele nicht zielstrebig verfolgen, wird ihnen schnell mangelnde Konzentration vorgeworfen. Auch Eltern sagen leichthin, ihr Kind könne sich schlecht konzentrieren, wenn es bei den Hausaufgaben nicht richtig «bei der Sache» ist. Es ist wie bei allen anderen «Mängelrügen»: Eine solche Zuschreibung kann sich sehr schädlich auswirken. Wie schnell übernimmt ein Kind sie und sagt dann gerne, wenn es mit dem Lernen nicht gleich klappt: *«Ich kann mich halt schlecht konzentrieren.»* So ist eine entschuldigende Ausrede immer zur Hand, wenn eine Erklärung gebraucht wird. Die Stigmatisierung als «konzentrationsschwach» kann einen Teufelskreis in Gang setzen.

Auch wenn sich das eine Kind mit dem Konzentrieren schwerer tut als das andere, so kann es dennoch mit der entsprechenden Anstrengung und auf geeignete Art und Weise Erfolge erzielen. Das Schema der Bedingungsfaktoren des Schulerfolgs (vgl. S. 38) zeigt deutlich, dass viele Faktoren eine Rolle spielen und vereinzelte Mängel von Stärken in anderen Bereichen ausgeglichen werden können.

Von «Konzentrationsschwierigkeiten» sollte darum erst gesprochen werden, wenn sie diagnostisch erhärtet wurden. Eine lerntherapeutisch sinnvolle Diagnostik beschränkt sich jedoch nie auf das Feststellen der Defizite, sondern stellt die vorhandenen Stärken in den Vordergrund. An ihnen kann sich ein Kind orientieren, wenn es seinen individuell besten Weg zum erfolgreichen Lernen entdecken möchte.

Im Zusammenhang mit «Konzentrationsschwierigkeiten» ist stets zu bedenken, dass es zwei Gruppen gibt:

Konzentrationsstörungen im wissenschaftlichen Sinn sind teilweise oder vorübergehende Beeinträchtigungen der Fähigkeit eines Menschen, seine Aufmerksamkeit zusammenbündelnd auf einen Gegenstand von Interesse lenken zu können. Prinzipiell ist die Fähigkeit zur willkürlichen Aufmerksamkeit vorhanden, aber sie ist durch eine schlechte Tagesform, gesundheitliche Beeinträchtigungen oder familiäre bzw. andere psychische Belastungen eingeschränkt.

Konzentrationsschwächen dagegen sind dauerhafte Beeinträchtigungen, die anlagebedingt vorhanden oder durch ein schweres körperliches oder auch seelisches Trauma (Verletzung) erworben sind. Konzentrationsschwächen lassen sich nach heutigem Kenntnisstand nicht ausheilen, wie z. B. das «Aufmerksamkeits-Defizit-Syndrom» (ADS) durch geeignete therapeutische Maßnahmen zwar günstig zu beeinflussen, aber eben noch nicht zu heilen ist. Konzentrationsschwächen können jedoch behandelt werden, um besser mit ihnen leben und sie ein Stück weit kompensieren zu können.

Konzentrationsstörungen lassen sich durch erfahrene Lerntherapeuten und entsprechend spezialisierte Diplompsychologen oder Ärzte abklären. Ein ADS hingegen kann endgültig nur vom darauf spezialisierten Kinderpsychiater oder in einer «sozialpädiatrischen Ambulanz» (der Kinderarzt kennt die Adressen und stellt die Überweisung aus) festgestellt werden. Falls bei Ihrem Kind ein solches Problem auftritt, denken Sie daran: Für eine erfolgreiche weitere Schullaufbahn ist allerdings die Abklärung und Nutzung der Ressourcen des Kindes viel entscheidender als das Etikett, das ihm der Diagnostiker anheftet.

Rahmenbedingungen für die Konzentration prüfen

Starke Eltern nutzen zunächst einmal ihr Wissen über das Phänomen der Konzentration, um im eigenen Einflussbereich die Rahmenbedingungen bestmöglich zu gestalten. Dabei kann eine Checkliste helfen, systematisch vorzugehen und an alle wesentlichen Punkte zu denken.

Checkliste zu den häuslichen Rahmenbedingungen für Konzentration

- Ich gebe meinem Kind für seine Konzentration bei den Hausaufgaben die Note _____.
- Ich gebe meinem Kind für seine Konzentration beim Spielen die Note _____.
- Diese Eigenschaftswörter treffen auf mein Kind während der Hausaufgaben zu (bitte ankreuzen):
  - O unauffällig
  - O bedächtig
  - O entspannt
  - O zappelig
  - O leicht ablenkbar
  - O reizbar
  - O müde
  - O trödelnd
  - O nervös
  - O ausweichend
  - O angespannt
  - O zu sorgfältig,
  - O pingelig
  - O flüchtig
  - O ängstlich
- Mein Kind erledigt seine Hausaufgaben zu planmäßig festgelegten Tageszeiten: O Ja. O Nein.
- Die durchschnittliche Dauer der täglichen Hausaufgabenzeit beträgt __ Minuten.
- Mein Kind übt zusätzlich zu den Hausaufgaben für die Schule:
  - O Nein.
  - O Ja, etwa __-mal pro Woche, jeweils __ Minuten.
- Mein Kind hat regelmäßig Nachhilfe- oder Therapiestunden:
  - O Ja. O Nein. Falls ja: __ Stunden pro Woche.
- Mein Kind geht während der Schulwoche abends zu einem festen Zeitpunkt ins Bett:
  - O Nein
  - O Ja, um __ Uhr
  - Es schläft nachts __ Stunden.
- Mein Kind hat ungewöhnlich oft Angst- oder Albträume:
  - O Ja. O Nein.
- Mein Kind wirkt morgens normalerweise ausgeschlafen und wach: O Ja. O Nein.
- Zwischen Aufstehen und Aus-dem-Haus-Gehen hat mein Kind __ Minuten Zeit.

- Es frühstückt morgens
  O gar nichts. O wenig. O reichlich.
- Wenn es etwas frühstückt, dann
  O eher herzhaft (Wurst, Käse usw.).
  O eher süß (Marmelade, Honig, Schokoaufstrich).
  O Herzhaftes und Süßes gleichermaßen.
- Für das Pausenfrühstück in der Schule gebe ich meinem Kind mit:
  O Geld   O Belegtes Brot
  O Milchschnitte O Müsliriegel
  Sonstiges:

  _____

  _____

- Mein Kind verbringt seine Spielzeit
  O mehr draußen. O mehr drinnen.
  O je nach Wetter und insgesamt ausgeglichen sowohl draußen
  als auch drinnen.
- Im Freien spielt mein Kind täglich im Durchschnitt __ Stunde(n).
- Mein Kind ist   O sehr   O etwas   O gar nicht sportlich.
- Es hat regelmäßige Freizeittermine:
  O Nein.   O Ja, und zwar __ pro Woche.
  Es sind dies:

  _____

  _____

- Mein Kind schaut gerne Fernsehen: O Ja.   O Nein.
- Seine Lieblingssendungen sind:

  _____

  _____

- Pro Woche verbringt mein Kind __ Stunden vor dem Fernsehapparat.
- Wenn ich daneben auch noch Video, Telespiele, Computer, Gameboy, Playstation und alle anderen Beschäftigungen mit
  Bildschirmen zusammenzähle, dann kommt mein Kind auf
  eine tägliche Bildschirmzeit von __ Stunden.

- Folgende Arten von Fernsehsendungen oder Filmen darf mein Kind absolut nicht anschauen:

  _____

  _____

- Ich/Wir unternehme(n) mit unserem Kind
  ◯ selten   ◯ gelegentlich   ◯ häufig   ◯ regelmäßig
  etwas in der Freizeit, und zwar:

  _____

  _____

Wenn Sie Ihre Checkliste nach dem Ausfüllen kritisch durchsehen, werden Sie möglicherweise bereits einige Erkenntnisse gewinnen.

- Eine deutlich bessere Konzentrationsnote beim Spielen als bei den Hausaufgaben beispielsweise deutet auf prinzipiell vorhandene Konzentrationsfähigkeit hin. Möglicherweise sind die Hausaufgaben sehr eintönig, kann Ihr Kind seine Lehrerin nicht leiden, ist die Hausaufgabensituation voller Ablenkungen oder dient sie als Plattform für «Beziehungsspielchen» zwischen Ihrem Kind und Ihnen.

- Unregelmäßigkeiten im Tagesablauf sollten Sie zum Nachdenken anregen, denn feste Zeiten für Mahlzeiten und Schlafen wie auch für Hausaufgaben und Lernen wirken wie Rituale und begünstigen konzentriertes häusliches Arbeiten.

- Regelmäßige vollwertige Mahlzeiten mit wenig Zucker sowie genügend und regelmäßiger Nachtschlaf bieten eine gesunde Grundlage für Konzentrations- und Leistungsvermögen.

- Zu viele festgelegte Pflichttermine oder auch Freizeitaktivitäten überfordern Kinder leicht und lassen sie nicht ausreichend zur Ruhe und zu sich selbst kommen. Im Grundschulalter reicht ein Zusatztermin pro Woche.

- Reizüberflutung überlastet die Sinneskanäle, die für die Wahrnehmung und das «Auf-Merken» benötigt werden. Auf keinen Fall sollte die Bildschirmzeit die tägliche Bewegungszeit (im Freien spielen, toben, Sport) übertreffen.

Wenn Sie Ihre ausgefüllte Checkliste genauer auswerten möchten, dann sollten Sie sie mit anderen Personen besprechen, die entweder Ihr Kind kennen, zum Beispiel die Lehrerin, oder aber Fachleute sind wie Kinderarzt, Schulpsychologe oder Lerntherapeut.

Konzentration im Familienalltag

Wir brauchen nicht zu erziehen –
unsere Kinder machen uns
ohnehin alles nach.

(Fundsache)

Kennen Sie jenes im wahrsten Sinne des Wortes «treffliche» Plakat aus der Jahresaktion 2002 des Deutschen Verkehrssicherheitsrats? Ein Mann sitzt am Steuer seines Wagens. Die rechte Hand hält ein Getränkepäckchen, die linke drückt das Handy ans Ohr, und im Mundwinkel hängt die Zigarette. Unterschrift: «... und wer fährt?»

Es ist ein Phänomen unserer Zeit, dass wir so viel gleichzeitig tun. Beim Frühstück lesen wir die Zeitung, beim Lesen hören wir Musik, beim Musik-hören führen wir Gespräche, beim Gespräch läuft der Fernseher, und beim Fernsehen essen wir. Die Definition für Konzentration (S. 100) besagt sinngemäß: Die Aufmerksamkeit bündelt die Wahrnehmung auf einen Punkt hin, und gleichzeitig werden alle Störfaktoren ausgeschaltet. Wie oft missachten wir im Alltag dieses Prinzip und werden damit zum negativen Modell, an dem unser Kind unkonzentriertes Verhalten erlernt! Vorbild sind wir automatisch, stets und zu jeder Zeit.

Das Wort «Konzentration» stammt von dem lateinischen Verb «concentrare». Die Vorsilbe «con» bedeutet «zusammen», der Verbstamm bezeichnet das Ausrichten auf die Mitte. Alle Sinne zusammen auf ein Zentrum zu richten, das ist Konzentration. Wenn ein Hochspringer vor dem Anlaufen in Gedanken den gesamten Bewegungsablauf durchgeht oder der Nachrichtensprecher vor dem Aufleuchten der roten Lampe im Studio seinen Text wiederholt, dann sammeln beide ihre Gedanken zusammen. Sollten Sie Kirchgänger sein, dann wissen Sie auch, wie Sie «sich sammeln», bevor Sie sich zum Gottesdienst hinsetzen. Früher war es üblich, sich vor dem Essen im Gebet oder einem anderen gemeinsamen Ritual zu sammeln. An derartigen Vorbildern für gesammeltes, konzentriertes Verhalten fehlt es unseren Kindern heutzutage meistens. Wäre unser Alltag voll mit praktizierter oder wenigstens beobachtbarer Konzentration, dann gäbe es auch weniger «Konzentrationsprobleme».

Überprüfen Sie Ihren Alltag selbst, wo es überall «diffus» (zerstreut) statt «konzentriert» (gesammelt) zugeht:

- Geht das Radio automatisch mit an, wenn Sie Ihr Auto starten, oder schalten Sie es bewusst ein und aus?

- Läuft in Ihrem Haushalt ständig ein Radio oder Fernsehapparat, oder schalten Sie die Geräte nur ein, wenn Sie ihnen auch Aufmerksamkeit widmen?

- Läuft der Fernseher weiter, wenn Besuch kommt, oder wenden Sie sich ganz Ihrem Gast zu?

- Lesen Sie während der Mahlzeiten oder erst danach?

- Telefonieren Sie während des Autofahrens, oder halten Sie dafür an?

- Diskutieren Sie ständig während eines Fernsehspiels über den Inhalt oder erst im Anschluss – bei ausgeschaltetem Gerät?

- Unterhalten Sie sich während des Joggens oder Schwimmens, oder verschieben Sie Gespräche auf die Ruhepausen?

Sicherlich fallen Ihnen noch weitere Alltagssituationen ein, in denen wir uns, dem Zeitgeist folgend, an die Gleichzeitigkeit von eigentlich nicht zusammengehörenden Aktivitäten gewöhnt haben. Allerdings gilt es zu unterscheiden zwischen konzentrationsfördernden und -hemmenden Nebenaktivitäten.

Hilfen für die Konzentration

In einem Seminar für Junglehrer wurden Handzettel verteilt, mit denen für meinen Vortrag zum Thema « Konzentrationsförderung » geworben wurde. Am Ende des Seminars fand sich ein zurückgebliebener Handzettel, voll gekritzelt mit Blümchen ...

Viele Menschen brauchen für ihre Konzentration beim Zuhören eine leichte, mechanische Aktivität wie Männchenmalen, Blümchenkritzeln oder Stricken. Sie hält den Organismus auf einem Aktivitätsniveau, das frühzeitigem Konzentrationsabfall entgegenwirkt. Wenn Schüler mit ihrem Stift spielen oder während des Unterrichts malen, kann das Ausdruck ihres instinktiven Bemühens sein, sich aufmerksam und wach zu halten. Unsere Konzentrationsspanne ist nämlich schnell erschöpft. Sie dauert durchschnittlich rund

15 Minuten beim Schulanfänger,
20 Minuten beim Grundschüler,
25 Minuten bei Zehn- bis Zwölfjährigen und
30 Minuten bei Jugendlichen und Erwachsenen (vgl. Klein / Träbert 2001, S. 97).

Dass Kinder mit einem ADS von solchen Werten nur träumen können, wissen betroffene Eltern nur zu gut. Eine Aufmunterung wie *«Jetzt reiß dich doch nochmal zusammen!»* oder *«Komm, jetzt konzentrier dich doch endlich mal!»* hilft jedoch nicht weiter. Seine Aufmerksamkeit zu bündeln und Ablenkungen auszuschalten kostet Energie. Wenn diese verbraucht und der «Akku leer» ist, nützen Aufmunterungen, Mahnungen oder Drohungen allenfalls für kurze Momente. In der Regel sinkt mit der Konzentration nämlich auch der Blutdruck ab, sodass entweder das Bedürfnis nach Ruhe zunimmt und Müdigkeit deutlich wird (gähnen, Kopf in die Hand stützen, tagträumen) oder der Organismus mit Zappeligkeit aktiv zu bleiben versucht. Beides hilft nicht wirklich, wenn Hausaufgaben zu erledigen oder Vokabeln zu «büffeln» sind. Aber es gibt Hilfen:

PAUSEN

Bevor der Akku ganz leer ist, sollte Ihr Kind **eine kleine Pause einlegen.** Es empfiehlt sich, die Pausen schon vorher einzuplanen, beispielsweise dann, wenn die Arbeitszeiten für die zu erledigenden Aufgaben geschätzt werden. Je nach Alter und Konstitution kann die Arbeit alle fünf, zehn oder fünfzehn Minuten unterbrochen werden.

Kinder wollen das häufig zunächst nicht tun, weil sie fürchten, dass sie dann insgesamt noch länger an den ungeliebten Hausaufgaben sitzen müssten. Doch das Gegenteil ist der Fall: Wer häufiger für ein bis zwei Minuten unterbricht, arbeitet insgesamt zügiger, weil die Konzentration während des Arbeitens über die ganze Zeit gesehen höher ist. Außerdem sinkt die Fehlerquote, was Zeit für das Verbessern einspart. Ihr Kind wird davon überzeugt sein, wenn es seine Arbeitszeiten mal eine Zeit lang aufschreibt und vergleicht.

Während dieser kurzen Pausen braucht Ihr Kind frische Luft und Bewegung. Jonglage, Geschicklichkeits-Spielgeräte, die «liegende Acht» zum Balancieren oder als Kugelbahn und anderes mehr sind bei Kindern sehr beliebt (Bezugsadressen im Anhang). Wasser erhöht die Fitness unseres Nervensystems, deshalb sollte während des Lernens oder zumindest in den Pausen reichlich Wasser getrunken werden.

BEWEGUNG

Bewegung wirkt dem Absinken des Blutdrucks entgegen. Daher sollte das sture Sitzen vermieden werden, wann immer es möglich ist. Dass ein erschreckend hoher Prozentsatz von Schulabgängern mit Haltungsschäden auffällt, liegt nicht zuletzt am übermäßigen Sitzen auf meistens auch noch ergonomisch schlechtem Mobiliar. Lassen Sie Ihr Kind doch ruhig im Liegen, Stehen oder gar beim Gehen lesen – Mönche wandelten bei der Bibellektüre im Kreuzgang ihres Klosters.

Auch Vokabeln sollten nicht im Sitzen gelernt werden müssen. Allein schon lautes Sprechen bewirkt über die aktive Mundmotorik eine höhere Aktivität des Organismus.

Beim Abfragen von Vokabeln, europäischen Hauptstädten oder anderen Paukinhalten können Sie mit Ihrem Kind einen Ball im Frage-Antwort-Rhythmus hin- und herwerfen.

Diktate können als «Laufdiktate» geschrieben werden: Der Text liegt in der entferntesten Zimmerecke; Ihr Kind muss hingehen, lesen, zum Schreibtisch zurückgehen, aufschreiben und so fort.

RICHTIGES SITZEN

Wenn Ihr Kind bei manchen Arbeiten sitzen muss, dann sollte es wenigstens «richtig» sitzen. Der Stuhl hat die richtige Höhe, wenn die Fußsohlen voll auf dem Boden aufstehen. Büro- oder Kinder-Drehstühle verführen dazu, die Füße auf den Kufen aufzustützen; damit fehlt der Halt gebende Bodenkontakt, und die Beine werden im Knie so stark abgewinkelt, dass die Durchblutung verlangsamt wird. Dadurch wird auch das Gehirn schlechter mit Sauerstoff und Nährstoffen versorgt.

Zum Schreiben empfiehlt sich das Sitzen auf der Stuhlkante. Wenn Ihr Kind so weit vorrückt, dass es nur das vordere Drittel der Sitzfläche berührt, stehen seine Füße automatisch fest auf dem Boden, und der Rücken bleibt gerade.

Sehr bequem und außerdem eine Wohltat für den arg strapazierten Schülersteiß ist ein Ball-Sitzkissen (Dyn Air, in Sanitätshäusern erhältlich).

Der Tisch hat die richtige Höhe, wenn sich die Ellbogen beim Schreiben in gleicher Höhe mit der Tischplatte oder ganz wenig darunter befinden. Ist der Tisch jedoch niedriger, dann kann der Unterarm nicht aufgestützt werden, und das Handgelenk verkrampft rasch.

Eine neigungsverstellbare Tischplatte beugt dem schnellen Ermüden der Augen vor, weil der Blickwinkel durch die Schrägstellung der Platte eher senkrecht auf das Heft fällt und damit das Bild schärfer und kontrastreicher wird.

Ihr Kind sitzt richtig zum Licht, wenn dieses schräg von vorne (für den Rechtshänder von links, für den Linkshänder von rechts) einfällt. Andernfalls kann es beim Schreiben Schatten auf die Schrift werfen. Tageslicht ist besser als Kunstlicht; wenn Kunstlicht nötig ist, strengt die normale Glühbirne das Auge am wenigsten an. Das noch bessere «Hochfrequenzlicht» ist für den Einsatz im privaten Bereich noch nicht sinnvoll verfügbar. Energiesparlampen, Halogen- und Neonlicht hingegen «fressen» die Konzentrationsenergie geradezu auf.

DIE ATMOSPHÄRE BEIM LERNEN

Konzentration hängt eng mit der Motivation zusammen. In einer Situation, die ich als angenehm empfinde, kann ich auch leicht aufmerksam sein. Darum fördert die Konzentration, was die Atmosphäre angenehmer macht – zumindest bis zu dem Punkt, wo es in Ablenkung umschlägt. Die Arbeitssituation verlangt nicht nach der Gemütlichkeit eines Plüsch-Wohnzimmers, aber eben auch nicht nach der Sachlichkeit eines Kühlschranks.

Der Schreibtisch sollte aufgeräumt sein, denn er ist Arbeits- und nicht Spielplatz. Haustiere oder der Blick vom Schreibtisch durchs Fenster auf den Spielplatz lenken übermäßig ab. Bücher, Hefte und Schreibsachen sollten in Reichweite sein, damit Ihr Kind nicht ständig aufstehen und etwas holen muss («Ausweichverhalten»).

Aber dennoch fördert eine angenehme farbliche Gestaltung von Möbeln, Gardinen und Fußboden das Wohlgefühl. Lassen Sie Ihr Kind bei der Farbwahl ruhig mitbestimmen! Wenn es wohlriechende Düfte mag, spricht auch nichts gegen eine Duftlampe. Wer insgesamt täglich genug Wasser zu sich nimmt, kann während des Lernens durchaus seinen geliebten Tee trinken.

MUSIK

Über Musik beim Lernen äußern sich die Eltern in meinen Veranstaltungen oft skeptisch, ohne jedoch wirklich Erfahrungen damit gesammelt zu haben. Wie bei allen anderen Tipps in diesem Buch gilt auch für den Einsatz von Musik als Mittel der Konzentrationsförderung: im Zweifelsfall ausprobieren! Eine Woche wird als «Testphase» festgelegt, und danach analysieren Sie mit Ihrem Kind, wie es geklappt hat.

Musik spricht die rechte Gehirnhälfte an, auf der andere, ergänzende Funktionen angesiedelt sind als auf der linken. Damit stehen mehr Möglichkeiten zum «Abspeichern» von Gelerntem zur Verfügung.

Im Allgemeinen wirkt vor allem Entspannungsmusik konzentrationsfördernd. Sie zeichnet sich durch einen ruhigen, fließenden Rhythmus von 60 bis 70 Schlägen pro Minute aus, was etwa unserem Ruhepuls entspricht, sowie durch sehr harmonische Melodien. Es gibt sowohl klassische Stücke (z. B. Largos aus der Barockmusik) als auch moderne «New-Age-Musik», die diesen Anforderungen entsprechen. Manche Kinder mögen solche Musik jedoch einfach nicht. Einer meiner kleinen Klienten versuchte es mit Musicalmelodien – und hatte Erfolg!

Rhythmisch lebhaftere Musik, früher der Beat, heute Techno, kann vor allem bei langweiligen Routineaufgaben nützlich sein, die nicht die volle gedankliche Konzentration erfordern. Vielen Erwachsenen gehen auch Waschen, Putzen und Bügeln mit flotten Rhythmen besser von der Hand. Einige wenige Kinder können bei solcher Musik sogar ihre Problemaufgaben konzentrierter lösen als ohne, aber der Normalfall ist das nicht.

Wenn sich beim Ausprobieren herausstellt, dass Ruhe am besten hilft, die Hausaufgaben zügig und in guter Qualität zu bewältigen, wird Ihr Kind diese seine eigene Erfahrung sicher zu schätzen wissen.

Konzentration als Thema für die Schule

Starke Eltern möchten natürlich, dass auch in der Schule die Prinzipien konzentrierten Lernens berücksichtigt werden. Damit können Sie bei der Lehrerschaft durchaus auf Gehör hoffen, denn auch dort wird über die schlechte Konzentrationsfähigkeit von Kindern und Jugendlichen geklagt. Das «Erziehungsgeschäft» ist schwieriger geworden und lässt sich in der Schule nur mit guter Zusammenarbeit von Lehrern und Eltern erfolgreich bewerkstelligen; darüber herrscht weitgehend Einigkeit.

So eröffnet sich ein breites Spektrum möglicher Initiativen, die Sie anregen können:

- Auf Klassenebene bietet sich der Elternabend beziehungsweise die Pflegschaftssitzung an, um sich untereinander und mit der Lehrerin gesprächsweise auszutauschen; Thema: «Wie konzentriert sich mein Kind am besten?»

- Daraus erwächst vielleicht der Wunsch, einmal einen Experten (Kinderarzt, Erziehungsberater, Schulpsychologe, Lerntherapeut) einzuladen. Vielleicht schließt sich eine ganze Klassenstufe für einen Vortrag zusammen, oder der Förderverein greift die Idee als Veranstaltung für die gesamte Schulelternschaft auf.

- Beim Elternabend könnte auch die oben abgedruckte Checkliste (S. 102 ff.) als Fragebogen für alle Eltern ausgegeben werden. Jeder kann sie für sich nach eigenem Gutdünken verwenden, oder die Eltern einigen sich auf eine gemeinsame, aber anonyme Auswertung.

- Dann wird die Lehrerin sicherlich auch bereit sein, mit den Schülern

über dieses Thema zu reden. Die Schüler könnten die Ergebnisse des Elternfragebogens aus ihrer eigenen Sicht kommentieren.

- Eine Schülerbefragung mit einem Fragebogen über die Rahmenbedingungen während des Unterrichts würde möglicherweise aufzeigen, was die Konzentration im Klassenzimmer stört und was sie fördern könnte. Das kann Lehrern wertvolle Hinweise liefern.

- Über die Elternvertreter in der Schulkonferenz lässt sich das Thema bis ins Schulprogramm hineintragen. Warum sollte nicht «die konzentrierte Schule» für einige Jahre Schwerpunkt der Schulentwicklung sein?

- Damit würde auch die schulinterne Lehrerfortbildung entsprechende Impulse bekommen. Es gibt in vielen Bundesländern Multiplikatoren, die auf Abruf den Kollegien gerne das nötige Know-how für «bewegte Schule» oder «mehrkanalige Unterrichtsarrangements» vermitteln. Die Schulaufsichtsbehörden können dazu Auskunft geben.

- Wenn neues Mobiliar angeschafft werden muss, dann könnte es auch körpergerecht (ergonomisch) sein. Meist kauft der Schulträger jedoch das, was immer gekauft wurde. Starke Eltern können Vorführungen besserer Schulmöbel durch Vertreter der Herstellerfirmen (s. Anhang) in der Schule, aber auch im Schulausschuss der Gemeinde anregen.

- Sie können bei der Stadtverwaltung oder über ihre gewählten Gemeinderatsmitglieder darauf drängen, dass bei Renovierungsmaßnahmen umweltfreundliche Materialien und solche Farben verwendet werden, mit denen sich die Schüler wohl fühlen. Neu- oder Erweiterungs-Bauvorhaben können leicht mit etwas sorgfältigerer Planung kostenneutral auf die speziellen Bedürfnisse von Kindern und Jugendlichen in der Schule abgestimmt werden.

Mit einem solchen Einsatz können starke Eltern enorm viel für die bessere Konzentration ihrer Kinder bewirken. Individuelle Therapie ist sicherlich in manchen Fällen sinnvoll und hilft Schülern weiter, aber sie rührt nicht an den Wurzeln der Probleme.

Bevor ein Kind Schwierigkeiten macht, hat es welche.

(Alfred Adler)

Letztlich ist es unmenschlich, ein Kind an die störende Umwelt anzupassen, anstatt die Quellen der Konzentrationsstörungen, nämlich die Rahmenbedingungen in Elternhaus und Schule, zum Versiegen zu bringen.

KAPITEL 7 | *Zusammen-arbeit mit der Schule*

Wo kämen wir hin,

wenn alle sagten,

wo kämen wir hin,

und keiner ginge,

um zu sehen,

wohin wir kämen,

wenn wir gingen.

(Kurt Marti)

Welche Erfahrungen haben Sie bezüglich der Zusammenarbeit mit Schule gemacht? Wie ist es Ihnen bisher im Kontakt mit den Lehrern Ihres Kindes ergangen? Prüfen Sie doch bitte einmal die folgenden Sätze und kreuzen Sie die an, denen Sie zustimmen:

O Wenn ich eine Einladung zum Lehrergespräch bekomme, kriege ich Herzklopfen.

O Lehrer sind so redegewandt, da kommt man nicht gegen an.

O Wenn ein Lehrer mal etwas entschieden hat, dann nimmt er Eltern gegenüber nichts mehr zurück.

O Lehrer nehmen sich gegenseitig immer in Schutz, da hilft einem keiner.

O Lehrer nehmen uns Eltern nicht ernst.

O Wenn ein Lehrer mal ein Kind auf dem Kieker hat, dann kann man das nicht mehr ändern. Darum halte ich mich lieber zurück.

O Lehrer darf man nicht kritisieren, sonst muss mein Kind es ausbaden.

Alle diese Aussagen drücken negative Ansichten der Elternrolle in der Schule aus: Angst, Machtlosigkeit, das Gefühl des Ausgeliefert-Seins, Rechtlosigkeit. Sie sind Äußerungen nachempfunden, die ich (neben einigen positiven) bei Seminaren mit Elternvertretern gesammelt habe.

Wie vielen haben Sie zugestimmt? Zweien oder gar mehr? Das würde bedeuten, dass Sie die Beziehung zur Schule als sehr belastet empfinden. Überprüfen Sie bitte noch einmal, ob hinter Ihrer Zustimmung jeweils wirklich eigene, selbst gemachte Erfahrung steckt! In Gesprächen habe ich es oft erlebt, dass beispielsweise die Angst vor den Folgen einer Kritik am Lehrer stark ist, solche Folgen aber noch nie selbst erlebt wurden.

Wenn es bei zwei oder mehr Zustimmungen geblieben ist, sollten Sie versuchen, das Verhältnis zur Schule zu verbessern. Starke Eltern sind konstruktiv-kritische Partner. Sie unterstützen die Lehrer bei ihrer anspruchsvoller gewordenen Aufgabe und gestalten die Schule ihrer Kinder mit, weil es der Jugend nützt.

Das bedeutet einen hohen Anspruch. Sie müssen jedoch nicht erschrecken: Jede Veränderung braucht ihre Zeit. Den Idealzustand kann ohnehin niemand erreichen, aber auf den Weg kann man sich machen. Erste kleine Schritte sind auch schon «Fort-Schritte».

Sinn und Zweck der Elternmitwirkung

«Schule halten», wie man die Lehrertätigkeit in früheren Zeiten nannte, ist unbestritten schwieriger geworden. Die pädagogische Arbeit mit Kindern unter verschlechterten Rahmenbedingungen ist höchst anspruchsvoll. Aber auch die Erziehungsarbeit in der Familie ist heute nicht einfach, denn das gesellschaftliche Leben hat sich dramatisch verändert. In dieser Situation brauchen sich Eltern und Lehrkräfte gegenseitig; sie können das Wohl und die Entwicklung der Kinder nur dann erfolgreich fördern, wenn sie vertrauensvoll zusammenarbeiten.

Damit wird deutlich, dass Elternmitwirkung nicht in erster Linie um der Eltern willen stattfinden soll. Sie ist kein Selbstzweck, keine Bühne für die Profilierung von Menschen, die sich selbst in den Mittelpunkt stellen wollen.

«Ziel der Mitwirkung ist es, die Eigenverantwortung in der Schule zu fördern und das Zusammenwirken aller Beteiligten in der Bildungs- und Erziehungsarbeit zu stärken.»

(§1 Abs. 1 Schulmitwirkungsgesetz Nordrhein-Westfalen)

Ähnlich wie in Nordrhein-Westfalen wird die Elternmitwirkung in allen Bundesländern als wichtiger Bestandteil einer erfolgreichen Bildungs- und Erziehungsarbeit der Schule gesehen. Diese kann nämlich nur dann zur größtmöglichen Zufriedenheit aller an Schule Beteiligten funktionieren, wenn auch alle die Verantwortung dafür übernehmen. Elternmitwirkung ist Mittel zum Zweck einer möglichst erfolgreichen Arbeit mit den Kindern. Sie «dient» (im wahrsten Sinne des Wortes) letztlich ihnen.

Es ist also erwünscht und grundsätzlich notwendig, dass Eltern im Interesse ihrer Kinder das Schulleben mitgestalten. Doch Mitgestaltung hat viele Gesichter. An gar nicht so wenigen Schulen höre ich die Elternklage: *«Zum Ausrichten von Festen, zum Kuchenbacken und Grillen, da sind wir gefragt. Aber sonst …»*

Die vielfältigen Beispiele elterlicher Aktionen an der Mehrheit der Schulen zeigen allerdings, dass der Trend hin zu mehr «echter» Mitwirkung geht. Zudem sollten außerunterrichtliche Veranstaltungen nicht unterschätzt werden: Schulfeste und -feiern aller Art sind für unsere Kinder wichtige und einprägsame Ereignisse. An sie erinnern sie sich oft länger als an die meisten Unterrichtsstunden. Tatsächlich sind solche Veranstaltungen ohne Elternhilfe kaum zu realisieren. Bedenklich ist es nur, wenn Elternmitwirkung sich darin erschöpft und die Eltern nicht die verdiente Anerkennung für ihren Einsatz erfahren.

Neben Festen und Feiern gibt es im Schulalltag viele weitere Möglichkeiten, das Schulleben mitzugestalten, die zwar außerhalb des Unterrichts liegen, aber trotzdem zur Bildungsarbeit von Schule gehören:

- Nach der Lesenacht im Klassenzimmer machen Eltern morgens Frühstück für ihre «Leseratten».

- An Projekttagen oder -wochen können Eltern besondere Kenntnisse und Fähigkeiten einbringen oder sogar selber eine Projektgruppe leiten.

- Bei «Lerngängen» zu Stätten kultureller Bildung, wie Museen, Theatern oder Schauplätzen historischer Ereignisse, sind Eltern nicht nur als Begleitpersonen gefragt, sondern auch als «Führer» im weitesten Sinne, wenn sie sich etwa besonders gut mit dem Thema auskennen.

- An Wandertagen können Eltern den Lehrkräften helfen, die Aufsicht über eine große Wandergruppe zu bewältigen oder auch den Rahmen des Wandertags mitzugestalten, indem sie beispielsweise am Zielort das Grillfeuer vorbereiten, sportliche Wettkämpfe mitorganisieren und Ähnliches mehr.

Elternmitwirkung – sowohl Recht als auch Verpflichtung

Weil Elternmitwirkung in einer demokratischen Gesellschaft unverzichtbar ist, wird sie auch gesetzlich geregelt. Das höchste Gesetz in einem Rechtssystem ist seine Verfassung, die bei uns «Grundgesetz» heißt. Darin sind die unveräußerlichen Grundrechte wie «Schutz der Menschenwürde» oder «Meinungsfreiheit» verankert, die nicht abgeschafft werden können. Zu ihnen gehört auch dieses:

«Pflege und Erziehung der Kinder sind das natürliche Recht der Eltern und die zuvörderst ihnen obliegende Pflicht.»

(Art. 6, Abs. 2, Satz 1)

«Das gesamte Schulwesen steht unter der Aufsicht des Staates.»

(Art. 7, Abs. 1)

In diesen beiden Sätzen kommt das Prinzip der Erziehungspartnerschaft von Elternhaus und Schule zum Ausdruck. Erziehung ist natürliches Recht zuerst der Eltern und gleichzeitig auch ihre Pflicht. In der Schule aber ist die Regie des Staates vorgesehen; dort treffen sich also elterliche und staatliche Verantwortung: in gegenseitiger Ergänzung, nicht Ausgrenzung.

Alle Bundesländer haben deswegen in ihren Schulgesetzen Regelungen aufgenommen, die die Rolle der Eltern beim Mitwirken am Schulleben beschreiben. Die Gremien der Elternmitwirkung, ihre Kompetenzen und Rechte sind genau festgelegt und unterscheiden sich von Bundesland zu Bundesland, weil die Zuständigkeit für das Schulwesen Ländersache ist. Es gibt beispielsweise Anhörungs-, Empfehlungs- oder Vorschlagsrechte, Recht auf (beratende) Teilnahme, Antrags- und Abstimmungsrechte auf den verschiedenen Konferenzebenen von der Klassen- bis zur Schulkonferenz und mancherorts gar Einspruchs- oder Vetorechte.

Die Tatsache, dass Eltern-Mitwirkungsrechte derart festgelegt sind, zeigt den rechtsstaatlichen Charakter von Schule heute. Verbriefte Rechte sind einklagbar; der «Obrigkeitsstaat» mag bei manchen Eltern noch für Ängste gegenüber der Schule und den Lehrern sorgen – die Rechtsposition der Eltern ist jedoch klar definiert und kann im Streitfall juristisch geklärt werden.

Damit ergibt sich die großartige Chance, dass Eltern durch ihr Engagement auf dem Feld der schulischen Mitwirkung ein beobachtbares Vorbild für ihre Kinder in Sachen Demokratie abgeben. Aktive Teilhabe am demokratischen Staat und seinem gesellschaftlichen Leben ist ein grundlegendes Erziehungsziel der Schule; wie könnte man es besser realisieren als dadurch, dass man sie lebt?

Nutzen Sie die Chancen, die die Ihnen zustehenden Mitwirkungsrechte bieten! Wir brauchen heute mehr denn je das aktive und wachsame Mitgestalten unserer Lebensverhältnisse. Es ist schlimm genug, dass die Elternrechte an manchen Schulen nicht gewährt werden. Doch aufgeben sollten Sie deswegen nie: Die Geschichte hat uns immer wieder gelehrt, dass auch die bestehenden Rechte stets eingefordert werden müssen, wenn sie nicht verloren gehen sollen. Das gilt in besonderer Weise für die Mitwirkungsrechte (s. Anhang) von Eltern in der Schule.

Eltern sollen sich in der Schule wohl fühlen

Der Aufbau einer fruchtbaren, konstruktiven Eltern-Lehrer-Beziehung braucht Zeit. Eine solche Beziehung beruht auf Vertrauen; Vertrauen aber muss wachsen können. Wenn Eltern das Gefühl haben können, an diesem Ort willkommen zu sein und ernst genommen zu werden, verlieren sich allmählich auch Vorurteile und Ängste. Schon einige äußere Gestaltungsmerkmale der Schule können viel bewirken.

WEGWEISER

An vielen Schulen hängt im Eingangs-
bereich eine Tafel zur Orientierung
über die Klassen- und Verwaltungs-
räume. Doch in größeren Schulhäu-
sern reicht das nicht aus, damit
Ortsunkundige sich zurechtfinden.
Zudem kommen insbesondere Eltern,
deren Deutschkenntnisse gering
sind, mit einer solchen Tafel nicht
klar. Deshalb sollten deutliche
Wegweiser im Haus angebracht
werden, möglichst auch mehrspra-
chig, entsprechend der Zusammensetzung der Schülerschaft. Das
könnte auch eine Gestaltungsauf-
gabe für Schüler sein.

SPRECHZIMMER

Gespräche zwischen Lehrkräften und
Eltern beziehen sich häufig auf
sensible Inhalte. Deswegen muss der
Ort des Gesprächs zum einen von
Mithörern abgeschottet und zum
anderen atmosphärisch angenehm
gestaltet sein. Jede Schule sollte
darum nach Möglichkeit über ein
eigenes Eltern-Sprechzimmer verfügen. Wo Raummangel das nicht
zulässt, ist über die kombinierte
Nutzung von Zimmern nachzuden-
ken; so lassen sich oftmals das Arzt-
oder das Beratungszimmer auch noch

zusätzlich für Gespräche verwenden.
Für die ansprechende Ausstattung
des Sprechzimmers mit Gardinen,
Blumen oder Bildern werden sich
bestimmt Eltern gewinnen lassen.

SCHULINFOS

Eltern fühlen sich in der Schule auch
dadurch heimisch, dass sie über alles
informiert sind, was dort passiert,
und dass sie ihre Ansprechpartner für
alle möglichen Anlässe kennen. Darum sollten sie ein alljährlich aktuali-
siertes Schulinfo bekommen, in
welchem die Telefonnummern der
Schule, auch des Hausmeisters,
Sprechzeiten der Lehrkräfte und
deren Rufnummern, sofern diese
damit einverstanden sind, und nicht
zuletzt die gewählten Elternvertreter
aufgelistet sind. Ergänzend sollten
die Kontaktmöglichkeiten zum
Beratungslehrer, zum Schulpsycholo-
gischen Dienst sowie zu sonstigen
Beratungsstellen und sozialen
Diensten im Einzugsbereich der
Schule aufgeführt sein.

Wo es keine Schülerzeitung gibt,
vermittelt vielleicht eine «Schulzei-
tung» den Eltern Informationen über
die kleinen und größeren Ereignisse
des zweitwichtigsten Lebensraums
ihrer Kinder. Sie wird von Eltern,
Lehrkräften und Schülern in einem
gemeinsamen Redaktionsteam

gestaltet und stellt damit auch ein Kooperationsprojekt dar, über welches das Zusammenwachsen der Schulgemeinde gefördert wird.

ARRANGEMENT DER ELTERNABENDE

Ob Eltern sich an der Schule ihrer Kinder wohl fühlen, wird auch an der Beteiligung an Elternabenden und Pflegschaftsversammlungen deutlich. Eine ansprechende Aufmachung der Einladung (wozu die Elternvertreter vielfach Unterstützung brau-

chen), die Dekoration des Raumes, die kommunikative Sitzordnung (Kreis, Rechteck oder Hufeisen), die methodische Gestaltung des Abends mit Gruppengesprächen und Moderationstechniken und schließlich die Wahl von für Eltern interessanten pädagogischen Themen helfen dabei.

Eltern brauchen dabei natürlich das Entgegenkommen von Lehrern und Schulleitung. Die sind aber meistens froh, wenn jemand nur die Initiative aufbringt, und geben gern organisatorische Hilfen.

Die Kommunikation zwischen Schule und Eltern

Viele Lehrer sind auch Eltern.
Alle Eltern waren auch Schüler.
Viele Schüler werden Eltern.
Manche Schüler werden Lehrer.
Sollte es da keine Gemeinsamkeiten geben?

(Reinhold Miller)

In Hotels ist es heutzutage üblich, dass man als Gast gebeten wird, durch das Ankreuzen von ein paar Fragen etwas zur Verbesserung des Angebots beizutragen. Die «Evaluation» (Bewertung) der schulischen Arbeit durch Vergleichsarbeiten, zentrale Testverfahren oder die kontinuierliche Fortschreibung des Schulprogramms ist im Prinzip nichts anderes. Die Zufriedenheit von Eltern oder gar ihre Anregungen für eine Verbesserung des Schulklimas werden jedoch nur höchst selten von Schulen erfragt.

Eltern könnten auf Klassen- oder Schulebene mit Hilfe eines «handgestrickten» Fragebogens die Sachverhalte zu erfassen versuchen, die für sie von Bedeutung sind. Wenn er in Absprache mit der Schulleitung entworfen und eingesetzt wird, treffen seine Ergebnisse sicher auf eine positive Resonanz.

Die formellen Gesprächssituationen sind in der Schule häufig unbefriedigend: Am Elternabend kann nicht über einzelne Kinder gesprochen werden, und am Sprechtag ist die Zeit zu knapp, um Fragen über den Notenstand hinaus zu erörtern.

Regelmäßige pädagogische Gesprächsabende, bei passender Gelegenheit unter Mitwirkung von Fachleuten aus der Schulpsychologie, der Erziehungsberatung oder des Jugendschutzes, schaffen jedoch zusätzliche Gelegenheiten, Vertrauen aufzubauen und sich über pädagogische Standpunkte auszutauschen.

FRAGENBEISPIELE:

	ja	nein	weiß nicht
Wird man an dieser Schule als Eltern ernst genommen?			
Funktioniert die Weitergabe von Informationen des Klassenlehrers bzw. der Schulleitung an die Eltern?			
Erhalte ich umgehend einen Termin, wenn ich um ein Gespräch mit der Lehrerin/dem Schulleiter bitte?			
Sind die Elternabende im Allgemeinen interessant?			
Freie Zusatzfrage: Welche Themen würden Sie an einem Elternabend gerne einmal erörtern?			
Fühlt sich Ihr Kind in der Schule/im Unterricht/in den Pausen wohl?			
Ist die Pausenaufsicht ausreichend?			
Bietet die Schule Ihrem Kind ein gutes Lernangebot?			
Sind die Hausaufgaben von Umfang und Schwierigkeitsgrad her angemessen?			
Bietet die Schule genügend außerunterrichtliche Angebote?			

Kaum etwas verbindet mehr als gemeinsames Arbeiten am gleichen Ziel. Deswegen ist die Einrichtung von Arbeitskreisen, an denen sich Eltern und Lehrkräfte gleichermaßen beteiligen, ein probates Mittel zur Förderung eines guten Eltern-Schule-Verhältnisses. Ob es sich um dekorative oder bauliche Maßnahmen im Haus oder auf dem Schulgelände handelt, um die Planung und Durchführung von Unterrichtsprojekten oder kulturellen Veranstaltungen oder um die Arbeit am Schulprogramm: Auf diese Weise wird der «Erziehungspartnerschaft» von Lehrern und Eltern Rechnung getragen.

Eltern zur Aktivität animieren

In den ersten Schuljahren der Grundschule wie auch am Anfang der Schulzeit auf einer weiterführenden Schule ist die Beteiligung an Elternabenden aus Interesse am Schulerfolg des eigenen Kindes normalerweise rege. Wenn die gewünschte Schullaufbahn aber erst einmal erreicht (oder im Gegenteil unerreichbar) ist, lässt die Elternbeteiligung meistens nach. Dabei erfordert der Schulerfolg von den Schülern kontinuierliches Arbeiten und von den Eltern ein stetig begleitendes Interesse.

Wo das entsprechende Bewusstsein fehlt, reicht es oft nicht aus, wenn die Klassenelternvertreterin eine originelle, ansprechende Einladung gestaltet hat, obwohl auch die wichtig ist. Die Teilnehmerquote hängt sehr stark davon ab, ob der Abend interessant zu werden verspricht. Als starke Eltern können Sie versuchen, Ihre Interessen einzubringen und damit zu attraktiveren Elternversammlungen beizutragen:

- Die Tagesordnung sollte niemals ausschließlich formale Themen (Informationen, Wahlen) enthalten, sondern immer auch pädagogischen Gesprächsstoff vorsehen. Von Hausaufgaben bis zur Konzentrationsförderung, von Medien bis Taschengeld – die Themen liegen auf der Hand und betreffen alle.

- Bei neu gebildeten Klassen könnte vielleicht vor dem Wahl-Elternabend erst ein Kennenlern-Elternabend stattfinden, bei dem man sich in gemütlicher Atmosphäre zusammenfindet.

- Die Atmosphäre der Elternabende ist auch für die Teilnehmerquote wichtig. Wenn die Teilnehmer sich wohl fühlen, kommen sie gerne beim nächsten Mal wieder. Dafür können Blumen, eine kommunikative Sitzordnung, große Stühle (falls machbar) und ein paar alkoholfreie Getränke (gegen Spende für die Elternkasse) sorgen.

- Bei interessanten Themen ist die Beteiligung wesentlich reger, wenn dafür zunächst Kleingruppen gebildet werden. In fünf Gruppen kommen fünfmal mehr Eltern gleichzeitig zu Wort als im Plenum, und auch die sonst eher Schüchternen trauen sich. Anschließend werden die Gesprächsergebnisse in der Großgruppe zusammengetragen.

- Um Diskussionen anzukurbeln, eignen sich sowohl Moderationstechniken als auch Kommunikationsspiele und andere methodische Tricks, die man in der wenigen Fachliteratur zur Elternarbeit finden kann (vgl. Träbert [Hrsg.] 1995).

- Die Befragung der Eltern nach ihren Themenwünschen kann schließlich ebenfalls zu einer besseren Beteiligung beitragen.

Die direkte Elternmitwirkung

Die Schulpflegschaft (in manchen Bundesländern heißt sie «Elternbeirat»), die sich aus den gewählten Elternvertretern aller Klassen zusammensetzt, und weitere Gremien der Schule mit Elternbeteiligung bilden den Rahmen für die *indirekte Elternmitwirkung*. Aber alle Eltern können sich selber und *direkt* an der Gestaltung des Schullebens beteiligen.

Ganz besonders hilfreich kann das im Unterricht sein, was allerdings nicht in allen Bundesländern zugelassen ist. An manchen Schulen übernehmen «Lesemütter» Schülergruppen im Rahmen von Förderstunden.

Zahllose Arbeitsgemeinschaften wären an deutschen Schulen nicht möglich, wenn engagierte Eltern sie nicht anbieten würden. Von Eltern geleitete Projektgruppen ermöglichen ein breiteres Themenspektrum in der Projektwoche oder mehr Differenzierung des Unterrichts. Solche Formen der direkten Mitwirkung kommen dem Schulerfolg der Kinder unmittelbar zugute.

Direktes Elternengagement beginnt aber schon viel früher. Sie können als starke Eltern den Kontakt zur Lehrerin suchen und das Vertrauensverhältnis gezielt aufbauen.

Dabei dürfen Sie ihr ruhig einen Vertrauensvorschuss in die Qualität ihrer Arbeit gewähren. Schule ist heute normalerweise nicht mehr so wie zu Ihrer eigenen Jugendzeit. (Wo doch, ist Ihr Engagement umso dringender gefragt!) Wenn vieles im Unterricht anders vermittelt wird als vor zwanzig, dreißig Jahren, dann liegt das auch an neuen, besseren Methoden und an Fortschritten in der Unterrichtswissenschaft, der so genannten Didaktik.

Wenn Sie etwas unklar oder befremdlich finden, dann suchen Sie den direkten Kontakt zur Lehrerin. Manchmal kann eine kurze Information oder die Aufklärung eines Missverständnisses Ihre Fragen rasch beantworten. Wenn Sie ein Verhalten oder eine Maßnahme für falsch halten, suchen Sie ruhig das direkte klärende Gespräch und fragen Sie nach dem Warum und Weshalb.

Vermeiden Sie Aktionen wie die im folgenden Beispiel: Ein Schulpflegschaftsvorsitzender ärgerte sich darüber, dass zahlreiche Lehrer morgens regelmäßig zu spät in den Unterricht kamen. Er stand eine Woche lang mit der Uhr in der Hand am Schuleingang und notierte die Namen der Betroffenen. Mit dieser Maßnahme hatte er jegliches Vertrauen der Schulleitung verspielt.

Wenn es Konflikte gibt, dann ist der Versuch der direkten Regelung immer lohnend. Wer zuerst mit anderen über den Betroffenen spricht oder Vorgesetzte bemüht, muss sich nicht über Vertrauensverlust wundern. Wenn jedoch der direkte Kontakt keine Klärung oder Konfliktbeilegung ergibt, sollten Sie sich nicht scheuen, die Schulleitung oder auch die Schulaufsicht anzusprechen und um Hilfe zu bitten. Schule ist eine Institution unserer demokratischenGesellschaft und funktioniert nach rechtsstaatlichen Regeln. Alle Eltern haben ein Recht darauf, mit ihren berechtigten Anliegen Gehör zu finden – starke Eltern nehmen es wahr.

—ERNSTBOSE—

KAPITEL 8 | *Starke Eltern – eine neue Rolle?*

Es gibt

keine Kinder von der Stange;

Eltern müssen

ihre eigenen Wege gehen.

(Jan-Uwe Rogge)

Die Jugend liebt heute den Luxus,

sie hat schlechte Manieren,

verachtet die Autorität,

hat keinen Respekt vor älteren Leuten

und plaudert, wo sie arbeiten sollte.

Sie verschlingt die Speisen,

legt die Beine übereinander

und tyrannisiert die Eltern.

(Sokrates)

Erziehungsverantwortung

Schon im klassischen Altertum gab es ähnliche Klagen über die «ungezogene» Jugend wie heute. Eltern waren immer schon gefordert, stark zu sein. Und umgekehrt wird Eltern auch schon seit jeher vorgeworfen, in der Erziehung zu versagen, wenn das Produkt ihrer Bemühungen für andere Anlass zu Kritik bietet. Aber sind «die anderen» immer zu ihrer Kritik berechtigt? Und vor allem: Ist sie hilfreich?

Natürlicherweise gibt es in jeder Gesellschaft verschiedene Interessengruppen, die ihre individuellen Sichtweisen haben. Insofern ist es verständlich und gelegentlich auch berechtigt, wenn eine gesellschaftliche Gruppe an einer anderen Kritik übt. Doch dabei wird sehr viel verallgemeinert. Beispielsweise gibt es korrupte Politiker – ein Skandal, keine Frage. Doch deswegen zu behaupten, alle Politiker oder gar «die Politik» seien bestechlich, ist nicht nur sachlich falsch, sondern diffamiert auch die große Mehrzahl derer, die in ihren Funktionen gute und fürs Allgemeinwohl wertvolle Arbeit leisten. Mehr noch: Mit solchen Aussagen wird das Vertrauen in die Politik beschädigt, was bis in die Wahlbeteiligung hinein spürbar ist.

Wenn nun in unserer Gesellschaft

Stimmen laut werden, die die Erziehungsleistungen der Eltern kritisieren, dann müssen sie mit der gleichen Vorsicht behandelt werden.

Die Deutsche Industrie- und Handelskammer (DIHK) möchte, wie es in einer Pressemitteilung heißt, Eltern, Lehrer und Schüler *«gemeinsam in die Pflicht nehmen»,* um die Schulreform voranzubringen. In einer gemeinsamen Erklärung der Wirtschaftsministerkonferenz und mehrerer Wirtschaftsverbände wird verlangt: *«Der Erziehungsgedanke muss eine deutlich höhere Aufmerksamkeit erhalten. Hierzu sind die Eltern wieder stärker in die Verantwortung zu nehmen, ihren Erziehungsauftrag zu erfüllen und den Bildungsweg*

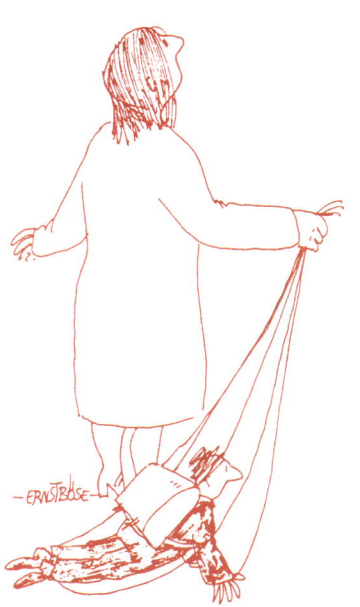

ihrer Kinder aktiv zu unterstützen.»* Offenbar gibt es Anlass dazu, «die Eltern» derartig anzugehen; ein Schulrektor bestätigt in einem Zeitungsinterview, die Erfahrung zeige, *«dass immer mehr Eltern gar kein Interesse daran haben, was ihre Kinder in der Schule eigentlich lernen.»*

Auslöser für diese drei Zitate war die Veröffentlichung der Ergebnisse der PISA-Studie. Der Wirtschaftsstandort Deutschland sieht sich in seinem Rang – manche behaupten sogar: in seiner Existenz – gefährdet, weil die fünfzehnjährigen deutschen Schüler im internationalen Vergleich schlecht abgeschnitten haben. Und so beginnt wieder einmal eine neue Runde im Schwarzer-Peter-Spiel: Eine gesellschaftliche Gruppe schiebt die Schuld auf die andere, und die Eltern (natürlich auch die Lehrer) sind immer dabei.

Aber ist das hilfreich? Gibt es nicht genügend Gründe dafür, dass zahlreiche Eltern eben nicht stark sind und tatsächlich Unterstützung in der Wahrnehmung ihres Erziehungsauftrags brauchen?

«Erziehungsverantwortung in unserer Gesellschaft erfordert immer Menschen, die Zeit, Liebe, Ausdauer und Geduld mit der jungen Generation haben und in der Lage sind, dieser zu einem gesunden Selbstwertgefühl zu verhelfen», heißt es in «Ermutigung zur Erziehung», einer

gemeinsamen Erklärung von Bundes-
elternrat (BER) und Verband Bildung
und Erziehung (VBE) vom 10. 7. 2001.
BER und VBE ermutigen Eltern und
Schule, aufeinander zuzugehen und
sich gemeinsam für den Erziehungsauftrag verantwortlich zu fühlen.
Doch die Gesellschaft darf sie nicht
im Stich lassen: *«Wo Eltern und
Schulen in ihrer Erziehungsverantwortung überfordert sind, müssen
zusätzliche Beratungs- und Hilfsan-
gebote geschaffen werden.»* Das ist
ein konstruktiver Ansatz, denn
«starke Eltern» liegen im Interesse
der gesamten Gesellschaft.

Allein erziehende starke Eltern

Zwei Millionen, das sind 17 Prozent
aller Kinder, wachsen heute in einem
Ein-Eltern-Haushalt auf. Alleinerziehende leiden noch viel stärker unter
einem permanent schlechten Gewissen als andere Eltern, weil sie eigentlich nie genug Zeit für ihr Kind haben.
Kinderbetreuung und Familienleben
zu organisieren und dabei gleichzeitig die materielle Existenz zu sichern,
ist wesentlich anstrengender, als
wenn ein Elternpaar sich diese
Aufgaben teilen kann.

   *«Na, das ist ja kein Wunder, dass
Ronald so verhaltensauffällig ist.
Seine Mutter ist ja allein erziehend.»*
Solche Äußerungen fallen gar nicht
selten, wenn sich Lehrerinnen über
ein Kind unterhalten. Gerade in der
Schule begegnet Alleinerziehenden
immer wieder das Vorurteil, dass ihr
Solo-Status gleichbedeutend mit
schlechter oder fehlender Erziehung
sei. Ihre «wohlgeratenen» Kinder
werden dagegen gar nicht wahrge-
nommen.

   Natürlich haben Alleinerziehende
in mancherlei Hinsicht größere
Schwierigkeiten als andere Eltern:
Betreuung außerhalb der Schulstun-
den, gemeinsame Mahlzeiten, Hausaufgaben, gemeinsame Freizeit,
Lebensstandard stellen an sie besondere Anforderungen, die sich auch auf
ihre Kinder auswirken können. Aber
grundsätzlich kann ich aus meiner
persönlichen Schul- und Beratungs-
erfahrung nicht bestätigen, dass
Schüler aus Ein-Eltern-Familien
auffälliger sind als andere. Ich habe
sogar gelegentlich besondere Stärken an ihnen beobachtet:

- Kinder von Alleinerziehenden sind häufig sehr selbständig. Weil sie (zwangsläufig) mehr auf sich selbst gestellt sind, haben sie mehr Gelegenheit zu eigenen Erfahrungen.

- Sie sind in praktischen Dingen oft sehr geschickt; vermutlich müssen sie im Haushalt mehr mithelfen als andere Kinder.

- Sie sind lebenstüchtig und finden fast immer einen Weg für sich. Die Kehrseite: Manchmal sind sie raffiniert und mogeln sich durch.

Alleinerziehende verdienen großen Respekt für ihre Erziehungsleistung – und ganz praktische Hilfestellungen seitens der Arbeitgeber, der Behörden, des Staates und der gesellschaftlichen Institutionen.

Unabhängig davon ist es Ihre persönliche Einstellung und Haltung zum Leben, die Sie als Mutter/Vater stark macht. Wenn Sie Ihren Familienstand bejahen können, werden Sie wesentlich mehr Selbstbewusstsein ausstrahlen, als wenn Sie sich als ein Opfer der Verhältnisse sehen. Wer für sich sagen kann: «Ich mache das Beste aus meiner Situation», bietet auch seinem Kind die Möglichkeit, sich auf seinem Lebensweg zu orientieren.

Wie auch immer es dazu gekommen ist, dass Sie heute alleine erziehen: Für Kinder ist das Aufwachsen mit einem Elternpaar Alltag, und natürlich erlebt es mit dem Fehlen des anderen Elternteils einen Mangel. Keine Mutter kann den Vater «ersetzen», kein Vater die fehlende Mutter. Aber Sie sind dennoch eine «gute Mutter» oder ein «guter Vater», wenn Sie Ihrem Kind die Liebe, Regelmäßigkeit, Orientierung und die Werte geben, die es stark und lebenstüchtig machen.

ALLEINERZIEHENDE UND DIE SCHULE

- Gehen Sie ruhig offensiv mit der Tatsache um, dass Sie alleine für Ihr Kind sorgen. Warum sollten Sie diesen Umstand verbergen?
- Treffen Sie mit der Klassenlehrerin die notwendigen Absprachen, z.B. in Bezug auf Hausaufgaben, Betreuung über Mittag oder Pünktlichkeit.
- Wenn Sie am Elternabend nicht teilnehmen können, organisieren Sie es selbst, die Informationen der Veranstaltung zu bekom-

men. Sprechen Sie den Klassenelternvertreter oder andere Eltern an.

- Wenn Sie tagsüber wenig Zeit für Ihr Kind haben, dann helfen Sie ihm, Freunde für den Schulweg und die Hausaufgaben zu finden.
- Sorgen Sie für sich selbst. Nur Eltern, denen es gut geht, können stark für ihr Kind sein.
- Stärken Sie sich auch durch den Kontakt zu anderen Eltern in ähnlicher Lage, zum Beispiel beim VAMV (Verband allein erziehender Mütter und Väter e. V., Adresse s. Anhang).

Schulkinder brauchen starke Väter

Um ein Kind entstehen zu lassen, braucht es zwei Elternteile. Und nach der Geburt ist die Beziehung zu beiden Eltern für die kindliche Entwicklung wichtig. Darum wird auch im Fall einer Scheidung heute das gemeinsame Sorgerecht als Regelfall angenommen, denn das Recht auf eine gelebte Beziehung zu Mutter und Vater ist unveräußerlich und gilt lebenslang.

Im Erziehungsalltag kommen die Väter jedoch wenig vor; immer noch dominieren die Mütter als Bezugspersonen. Immer noch herrscht das alte Rollenmuster vom Vater als dem Ernährer der Familie vor, auch wenn die Abweichungen davon zugenommen haben. Immer noch hat Papa, wenn er abends gestresst von der Arbeit nach Hause kommt, viel zu wenig Zeit für seinen Nachwuchs.

Trügerische Vertröstung

«Später, mein Kind, später»,
sagen viele Väter.
Doch die Kinderzeit vergeht.
Und aus «später» wird «zu spät».

(Ruth Martin)

In früheren Jahrzehnten hieß es oft: *«Na, warte nur, wenn Vati heute Abend deine Hausaufgaben anschaut, dann kannst du aber was erleben!»* Die Stärke der Väter jener Zeit war körperliche Stärke, die sie entsprechend in die Erziehung einbrachten. Diese Rolle als Buhmann in der Erziehung lehnen die Väter von heute entschieden ab. Entweder sind sie beruflich derart eingespannt, dass sie sich kaum in der Lage fühlen, sich zusätzlich um ihre Kinder zu kümmern. Dann beschäftigen sie sich nicht nur in der Freizeit kaum mit ihnen, sondern wollen erst recht abends keinen Druck mehr wegen der Schule ausüben. Oder aber sie zählen sich zu den «neuen Vätern», die ganz bewusst an der Erziehung teilhaben wollen. Dann aber möchten sie besonders gute Väter sein, die viel mit den Kindern spielen, und sie lehnen es ab, Forderungen durchzusetzen.

Dieser Rollenwandel der Väter hat dazu geführt, dass die Mütter sich besonders in der Pflicht fühlen, für den Schulerfolg der Kinder zu sorgen. Wenn Vater aus beruflichen Gründen in der Erziehung fehlt oder als – nach seinem Verständnis – «guter» Vater keine Forderungen durchsetzen will, dann wird Mutter in die Rolle der «Buhfrau» gedrängt. Die Kinder machen die Erfahrung: *«Mit Vati kann man gut spielen, aber Mutti ist immer Spielverderberin.»* Kinder spüren rasch, wenn der Konsens zwischen den Eltern fehlt. Was brauchen denn Schulkinder nun wirklich von ihren Vätern?

Für eine optimale Entwicklung müssen Kinder Bindungen zu Menschen beiderlei Geschlechts aufbauen können.

Ein Vater ist eine wichtige Identifikationsfigur für seine Kinder. Dabei hat er für Jungen besondere Bedeutung als Modell für «männliche» Verhaltensweisen, was Fürsorge und Verantwortlichkeit mit einschließt. Söhne orientieren sich mit zunehmendem Alter mehr und mehr an ihren Vätern. Für Töchter gelten sie insbesondere als Modell für partnerschaftliches Verhalten in der Beziehung. Mädchen werden sich später in der Partnerwahl daran erinnern, wie sie ihren Vater in seinem Verhältnis zur Mutter erlebt haben.

Die männliche und die weibliche

Elternrolle sind nicht austauschbar, sondern ergänzen einander sinnvoll.

Starke Eltern kümmern sich gemeinsam um den Nachwuchs. Wo das geschieht, tut das nachweislich jeder Einzelne von ihnen ausdauernder und intensiver. Diese Zuwendung von beiden Seiten tut den Kindern gut, auch hinsichtlich ihres schulischen Erfolgs. Kinder profitieren von Mutter und Vater in unterschiedlicher Weise. Ganz offensichtlich prägt das weibliche Element vor allem die sprachlichen Fähigkeiten, während die Art des Spielens von Männern andere geistige Bereiche fördert. Für Jungen ist die väterliche Zuwendung hinsichtlich der Schule ganz besonders bedeutsam. Wenn sie sie täglich intensiv erleben, erzielen sie häufiger gute Noten als vergleichbare Klassenkameraden, deren Väter sich weniger mit ihnen beschäftigen.

CHECKLISTE FÜR VÄTER

- Ich spiele täglich __ Minuten / wöchentlich __ Stunden mit meinem Kind.
- Ich unterhalte mich regelmäßig mit ihm.
- Wir üben folgende Freizeitbeschäftigung(en) miteinander aus:

  _____

  _____

  _____

- Ich sage meinem Kind, wenn es sich falsch verhält.
- Ich setze erzieherische Forderungen bei meinem Kind durch.
- Ich spreche mich mit meiner Frau/Partnerin in Erziehungsdingen ab; wir streben normalerweise einen Konsens an.
- Ich helfe meinem Kind bei Fragen zu den Hausaufgaben.
- Ich lasse mir regelmäßig von ihm zeigen und erzählen, was es in der Schule lernt.
- Ich zeige ihm dazu passende Zeitschriften, Bücher, PC-Programme, Internetseiten usw.
- Ich nehme an Elternabenden teil, wann immer es mir möglich ist.
- Ich kenne die Klassenlehrerin/die meisten/alle Lehrer meines Kindes.

Starke Eltern und die Probleme des Schulsystems

Seit der PISA-Studie pfeifen es die Spatzen von den Dächern, dass unser Schulsystem Schwächen hat. Ich will nicht verallgemeinern: Es gibt Schulen, an denen engagierte Lehrerinnen hervorragende Arbeit leisten. Es geht mir auch gar nicht darum, den schwarzen Peter weiterzureichen, erst recht nicht an die Lehrkräfte. Aber es gibt Systembedingungen, die kritisch in den Blick genommen werden müssen, damit unsere Kinder erfolgreicher in der Schule lernen können.

Zu den problematischen Bedingungen gehören

- Konkurrenzkampf um Noten;

- Leistungsstress;

- selektives Übergangsverfahren am Ende der Grundschulzeit;

- fehlende Beratungs- und Hilfemöglichkeiten bei Lernproblemen;

- Aus- und Fortbildungsdefizite in der Lehrerschaft bezüglich praktischer Psychologie und Pädagogik;

- überforderte und überlastete Lehrkräfte wegen zu hoher Unterrichtsbelastung in zu vollen Klassen;

- in Einzelfällen auch Zynismus, Beleidigungen und Ungerechtigkeiten seitens eines Lehrers;

- fehlende Beziehungs- und Kommunikationskultur zwischen Lehrern, Schülern und Eltern;

- häufig fehlende Fähigkeiten zur Lösung von Spannungen und Konflikten;

- Überbetonung von Stoffvermittlung gegenüber der Erziehungsaufgabe.

Alle Hochachtung vor der überwiegenden Mehrzahl der Lehrerinnen und Lehrer, die immer noch nicht aufgegeben haben, kindorientiert und verständnisvoll den Schulalltag zu gestalten! Sie brauchen die Unterstützung starker Eltern, um das auch weiterhin tun zu können.

Mir sind im Laufe der Jahre zahlrei-

che Lehrer begegnet, die es gerade deswegen besonders schwer hatten, weil sie entschieden kindorientiert arbeiteten. Wer beispielsweise neu an eine Schule kommt und Unterrichtsmethoden praktiziert, die den Kindern mehr Spaß machen als die traditionellen, kann leicht den Neid seiner Kollegen auf sich ziehen.

Der Lehrerberuf kostete schon immer sehr viel Kraft, heute aus verschiedenen Gründen noch mehr. Ein Blick auf die Zusammensetzung einer durchschnittlichen Grundschulklasse mag Ihnen das verdeutlichen (vgl. Träbert 2001): Jedes sechste

Kind ist übergewichtig, jedes fünfte weist motorische Störungen auf, 22 Prozent zeigen bei der Schuleingangsuntersuchung Sprachstörungen und neun Prozent Verhaltensauffälligkeiten, mindestens 20 Prozent leiden an einer Teilleistungsschwäche wie Legasthenie, Rechenschwäche oder einer Aufmerksamkeitsstörung, etwa 40 Prozent haben zumindest gelegentlich Schwierigkeiten mit ihrer Konzentration.

Keine guten Voraussetzungen für Schulerfolg. Und dennoch: *«Probleme sind unsere Freunde, denn ohne Herausforderung lernen wir nicht»*, lautete ein Motto des Durham Board of Education, eines Schulbezirks in Kanada, in dem die Situation um 1990 viel schwieriger aussah. Zehn Jahre später war dieser Distrikt einer der leistungsstärksten im Land, nicht zuletzt durch die Öffnung der Schulen gegenüber den Eltern.

Die Anforderungen an Lehrerinnen sind durch die so genannte neue Kindheit deutlich gestiegen, bei gleichzeitig höheren Leistungserwartungen der Gesellschaft und Erfolgshoffnungen der Eltern.

Gute Schule lässt sich dennoch auch heute machen – gemeinsam mit Ihnen. Starke Eltern dürfen hohe Ansprüche an die Schule ihres Kindes stellen, sind aber auch bereit, die Erziehungsverantwortung gemeinsam mit den Lehrern zu tragen.

Sie müssen sich als Partner in der Erziehung gegenseitig erfahren und anerkennen können. Im Vordergrund muss dabei die gemeinsame Absicht stehen, die Persönlichkeit des Kindes beziehungsweise Jugendlichen zu stärken, ihm Grenzen zu setzen und Partizipationsmöglichkeiten einzuräumen.»

(Aus: Ermutigung zur Erziehung. Gemeinsame Erklärung von BER und VBE v. 10. 7. 2001, vgl. www.bundeselternrat.de)

Gehen Sie die Herausforderung, die das erfolgreiche Erziehen junger Menschen heute darstellt, gemeinsam mit deren Lehrern an; das ist die neue Interpretation der alten Rolle «starke Eltern». Unterstützen Sie die Lehrer nach Kräften, ermutigen Sie sie zu zeitgemäßem Unterricht und kämpfen Sie mit ihnen gemeinsam für bessere Verhältnisse. Der Schulerfolg Ihrer Kinder wird es Ihnen lohnen.

Anhang

LITERATUR

Artelt, Cordula/Baumert, Jürgen u.a. (Hg.): *PISA 2000. Zusammenfassung zentraler Befunde*, Berlin (Max-Planck-Institut für Bildungsforschung) 2001

BASS = Bereinigte Amtliche Sammlung der Schulvorschriften, hg. v. Ministerium für Schule, Wissenschaft und Forschung Nordrhein-Westfalen, jährliche Neuauflage

Friebel, Volker/Kunz, Marianne: *Pubertät: Die eigene Kraft entdecken. Jugendliche auf dem Weg zu sich selbst und wie Eltern dabei helfen können,* Reinbek (rororo 60971) 2001

Gordon, Thomas: *Familienkonferenz*, München (Heyne Taschenbuch) 1989

Klein, Jochen/Träbert, Detlef: *Wenn es mit dem Lernen nicht klappt. Schluss mit Schulproblemen und Familienstress*, Reinbek (rororo 60963) 2002

Niederle, Monika: *Schulangst. So helfen Sie Ihrem Kind*, Freiburg (Herder) 2002

Oelsner, Wolfgang / Lehmkuhl, Gerd: *Schulangst. Ein Ratgeber für Eltern und Lehrer*, Düsseldorf (Walter-Verlag) 2002

Prause, Gerhard: *Genies in der Schule. Legende und Wahrheit über den Erfolg im Leben*, München (Econ) 1998

Robischon, Rolf: *Lernen ist wie Atmen*, Lichtenau (AOL) 1994

Rolff, Hans-Günter u.a. (Hg.): *Jahrbuch der Schulentwicklung Band 11. Daten, Beispiele und Perspektiven*, Weinheim/München (Juventa) 2000

Schaub, Horst/Zenke, Karl G.: *Wörterbuch zur Pädagogik*, München (dtv) 1995

Schön, Bernhard (Hg.): *Schulstart. Tipps und Anregungen für Schulanfang und erstes Schuljahr*, Reinbek (rororo 60979) 2004

Singer, Kurt: *Ohne Noten lieber lernen und mehr leisten*, München o.J. (Broschüre, zu beziehen über Aktion Humane Schule Bayern)

Speichert, Horst: *Hausaufgaben sinnvoll machen. Anregungen zum Lernerfolg*, Reinbek (rororo 7326) 1980 (vergriffen)

Träbert, Detlef (Hg.): *Erfolgreiche Elternarbeit in der Schule.* Loseblattsammlung in zwei Bänden, vierteljährliche Ergänzungslieferungen, Augsburg (Kognos Verlag) seit 1995 (Bestellung zur Ansicht für 14 Tage möglich): Kognos Verlag GmbH, Färberstr. 2, 86157 Augsburg, Tel.: 08 22 / 5 21 55-0

Träbert, Detlef: *Kindernöte,* in: Humane Schule, 27. Jahrg., Mai 2001, S. 1–6 (zu beziehen bei: Bundesverband Aktion Humane Schule e. V.)

Ulich, Klaus: *Schule als Familienproblem. Konfliktfelder zwischen Schülern, Eltern und Lehrern,* Frankfurt (Fischer Taschenbuch Verlag) 1993 (vergriffen)

Wallrabenstein, Wulf (Hg.): *Gute Schule – schlechte Schule. Ein Schwarz-Weiß-Buch,* Reinbek (rororo 60828) 1999 (vergriffen; Restexemplare über Aktion Humane Schule e. V., s. Adressen)

ADRESSEN

Bundesverband Aktion Humane Schule e. V., Merheimer Str. 484, 50735 Köln, Tel.: 02 21 / 9 74 32-97, Fax: -98, E-Mail: detlef.traebert@ t-online.de, Internet: www.ahs.uni-osnabrueck.de

Aktion Humane Schule Bayern e. V., Leonrodstr. 19, 80634 München, Tel.: 0 89 / 16 82 11

Schulpsychologischer Dienst: Alle Beratungsstellen sind im Internet aufgelistet unter www.schulpsychologie.de

Erziehungsberatungsstellen bzw. Psychologische Beratungsstellen für Eltern, Kinder und Jugendliche: Alle Adressen sind im Internet aufgelistet unter www.bke.de

Lerntherapeuten: **Therapeutenliste des Fachverbandes für integrative Lerntherapie e. V.** (FiL) im Internet unter www.lerntherapie-fil.de

Verbraucherberatung im Bildungsbereich: **Aktion Bildungsinformation e. V.,** Alte Poststr. 5, 70173 Stuttgart, Tel.: 07 11 / 22 02 16-30, Fax: -49, E-Mail: info@abi-ev.de, Internet: www.abi-ev.de

Konzentrationsfördernde Spielgeräte: **träbert pädagogische materialien,** Merheimer Str. 484, 50735 Köln, Tel.: 02 21 / 9 74 32-97, Fax: -98, E-Mail: info@traebert-materialien.de, Internet: www.traebert-materialien.de

Außerdem: **didago GmbH,**
Rappenfeldstr. 7, 86653
Monheim, Tel.: 09091/5088-0,
Fax: -50,
E-Mail: didago.de@didago.de,
Internet: www.didago.de

Ergonomisch sinnvolle Schulmöbel:
Programm **«LORDOFLEX» der
Firma CONEN GmbH & Co. KG,**
Conen-Str. 4, 54497 Gonzerath,
Tel.: 06533/75-100, Fax: -600

VAMV (Verband allein erziehender
Mütter und Väter Bundesverband
e. V.), Beethovenallee 7, 53173
Bonn, Tel.: 0228/352995, Fax:
358350, E-Mail: kontakt@vamv-
bundesverband.de, Internet:
www.vamv-bundesverband.de

INTERNET-ADRESSEN FÜR DIE ELTERNMITWIRKUNG

www.bundeselternrat.de

Auf der Homepage des Bundeseltern-
rats finden sich Resolutionen und
Stellungnahmen des obersten Eltern-
Mitwirkungsgremiums der Bundesre-
publik sowie die Adressen aller
Landeselternräte.

www.kmk.org

Die Seiten der Kultusministerkonferenz informieren über das gesamte
Schul-, Hochschul- und Wissen-
schaftssystem in Deutschland.

www.bildungsserver.de/schulge-setze.html

Diese Seite des Deut-
schen Bildungsservers eröffnet den
Zugang zu den im Internet veröffent-
lichten schulrechtlichen Regelungen
aller Bundesländer.

www.bildungsserver.de/zeigen.html ?seite=52

Hier finden sich die Ange-
bote des Deutschen Bildungsservers
speziell für Eltern: Veranstaltungen,
Elternseiten der Landesbildungsser-
ver, Elternverbände, Behörden und
Ämter, Beratungsangebote, Informationen zum Schulwesen, Schüleraus-
tausch, Ferienkalender – eine nahezu
unerschöpfliche Informationsquelle

www.schulpsychologie.de

Die Homepage der Sektion Schulpsy-
chologie im Berufsverband der
Deutschen Psychologinnen und
Psychologen e. V. bietet ein hervorra-
gendes Angebot für alle Fragen und
Probleme im Zusammenhang mit
Schule einschließlich bundesweiter
Adressen und E-Mail-Beratung.

www.schulberatungsservice.de

Die Internetseiten des Autors; hier
finden sich Übersichten über seine
Veranstaltungsthemen und -termine,
interessante Texte zum Herunterla-
den und vieles mehr.

ÜBER DEN AUTOR

Mehr Menschlichkeit in der Schule zu verwirklichen, das ist seine Lebensaufgabe. Detlef Träbert, Bundesvorsitzender der Aktion Humane Schule e. V., war 18 Jahre lang Lehrer und Beratungslehrer im Schuldienst des Landes Baden-Württemberg. Nach dem Diplom-Aufbaustudium Erziehungswissenschaft machte er sich 1996 selbständig und gründete «Schubs». Der Name ist Programm: ein Schulberatungsservice für Beratung, Eltern- und Lehrerfortbildung sowie Vorträge, um Anstöße bei Schulproblemen zu geben. Themenschwerpunkte sind Lernschwierigkeiten und Lernförderung, Gewalt in der Schule und Elternarbeit.

Detlef Träbert schreibt regelmäßig für spielen & lernen, Cornelsen online und zahlreiche Familienredaktionen. Seit Januar 1998 ist er Herausgeber der Loseblattsammlung «Erfolgreiche Elternarbeit in der Schule» (Kognos Verlag, Augsburg). Bei Rowohlt erschien «Wenn es mit dem Lernen nicht klappt» (zusammen mit Jochen Klein; rororo 60963, 2. Aufl 2002).

Kontakt:
«Schubs»-Schulberatungsservice,
Merheimer Str. 484,
50735 Köln,
Tel.: 02 21 / 9 74 32-97, Fax: -98,
E-Mail:
info@schulberatungsservice.de,
Internet:
www.schulberatungsservice.de

mit kindern leben – Lern-Software

Lernprogramme für Kinder aller Altersstufen, von Praktikern getestet und bewertet

Hilfe für alle Schüler, Eltern und Lehrer von Deutschlands «Edutainment-Papst» (Computerzeitschrift c't) und führendem Experten für Kinder und Computer. Gemeinsam mit Praktikern bewerten Thomas Feibel und seine Mitarbeiterin Maren Steinhoff 100 Programme für Vorschule, die Lernbereiche Deutsch, Fremdsprachen, Gesellschaft, Kunst, Musik, Mathematik, Naturwissenschaften und zu fachübergreifenden Themen. Mit der übersichtlichen Präsentation und den klaren Kriterien finden Lehrer die besten Helfer für den Unterricht und Schüler die richtige Vorbereitung und Unterstützung.

Thomas Feibel
Die beste Lern-Software
Alle Wissensgebiete
Von Schülern getestet
Von Lehrern empfohlen

3-499-60989-4

S47/1b